我值得擁有好生活

Living Like You Mean It

Use the WISDOM and POWER of Your EMOTIONS to Get the Life You Really Want

運用情緒的智慧與力量，隨心所欲過生活

羅納・費德烈克 Ronald J. Frederick 著

李雅玲 譯

各界讚譽

「逃避自我能逃到哪裡去？這本書要求我們重新審視自己的健康和幸福模式，認知到如果我們不能自由感受自己的情緒，就不可能完成個人解放。羅納・費德烈克透過故事和範例，以一種簡單、清楚、專注的方式引導我們解決這個問題，讓我們有機會從根本上改變人類的生活。」

——史蒂芬・海斯（Steven C. Hayes），內華達大學心理學系客座教授，《走出苦難，擁抱人生：接受與承諾治療自助手冊》（二〇一七年，張老師文化事業股份有限公司）作者

「誠如這本書的書名，羅納・費德烈克確實如他所願寫出了一本書，這本書是一分禮物，作者是一位臨床醫生，也是一個了不起的人，從偉大的書名到書裡的最後一句話都包含他的內在靈魂、幽默和閃亮的智慧，以及感性和務實。羅納・費德烈克就事論事，他的眼中閃爍著光芒，是你一直在尋找的嚮導和伴侶。他熱情的文字告訴你

可以擺脫順從，讓活力和快樂重屬自己，若能與自身和所愛之人重新建立連結，便能擺脫孤單，你能一步一步感覺到穩重而睿智的作者與你並肩前行，多麼棒的一本書！我會把這本書推薦給我的病患和朋友，更重要的是，我迫不及待想再看一遍了。」

——黛安娜・佛沙（Diana Fosha）博士，加速體驗動力心理治療協會會長，《影響的轉化力量》（*The Transforming Power of Affect*）作者

「費德烈克博士充滿智慧和力量的書是一個鼓勵，也是一分實用指南，能幫助我們更深入感受，更自信面對恐懼，更充實生活在每一刻。」

——拉里娜・卡塞（Larina Kase）博士，《自信的領袖》（*The Confident Leader*）和《紐約時報》暢銷書《自信的演講者》（*The Confi dent Speaker*）作者

「費德烈克博士的處女作展現了才華，他用一種易於理解、人性化、有意義的方式傳達生命中最重要的奧祕——即情緒的真正價值和目的。他示範如何駕馭指導系統，讓我們走向幸福、充實和深度生命的道路，希望這本書是這位天才作者眾多著作中的第一本。」

——約瑟夫・貝利（Joseph Bailey），執業心理學家，暢銷書《恐懼你的生活》

（*Fearproof Your Life*）和《放慢生活的速度》（*Slowing Down to the Speed of Life*）作者

「很高興能閱讀一本關於情緒的書，當中融合了大腦、身體、心靈和情感方面的大量尖端研究，羅納・費德烈克將困難的概念轉化為讀者可理解的語言。如果你希望與自身和他人的情緒重新建立連結，這本書很適合你，我強烈推薦《我值得擁有好生活》。」

——馬里昂・所羅門（Marion Solomon）博士，終身學習學院臨床培訓主任，《依賴我》（*Lean on Me*）作者

目錄

第二部分：採取行動

獻給我的家人
感謝他們的存在和選擇

致謝

五年前開始撰寫這本書的時候，我並不知道這段旅程須要付出多少心力，若單靠我一人絕不可能走這麼遠，我懷著深切的感激之情感謝下列所有人，這些人以各自特殊的方式協助我完成這本書：

Vigliano Associates 的文學經紀人 Dan Ambrosio 從一開始就相信這本書。我在此感謝他的精力、熱情和支持。他以沉著的態度引導我完成這個過程，我不知道要如何才能找到一個比他更好的擁護者。

Sheryl Fullerton 是我在 Jossey-Bass 的編輯，她深刻的欣賞和理解（並協助我用更精簡的語言傳達）我想傳達的訊息，為此我相當感謝。感謝她的傑出建議；感謝她穩穩引導我的那雙手；感謝她的職業操守，與她共事非常愉快。

感謝 Jossey-Bass 的優秀團隊，感謝他們的仁慈、努力以及對卓越的承諾。

感謝 K Squared Enterprises 的 Katherine Crowley，她在我動筆寫這本書之前就知道我的想法，她在正確的時間點出現在我身邊，並把我介紹給 Dan Ambrosio。

感謝 Mark Chimsky、Mark Levy 和 Mary Carroll Moore，在這本書的早期階段，他們貢獻自己的文學專長協助撰寫書籍提案，彷彿賦予這本書一雙翅膀讓它能夠乘風飛翔。

感謝 Performance & Success Coaching 的 Larina Kase，謝謝她出色的指導、熱情和慷慨。

感謝許多家庭成員、朋友和同事在書稿發展的各階段都無私地幫我閱讀初稿、討論內容，並為我提供許多寶貴的意見和鼓勵，尤其是Tim Beyer、Kim Frederick、Jackie Frederick - Berner（《我值得擁有好生活》這個書名也是他想出來的）、Diana Fosha、SueAnne Piliero、Sara Beyer（在第四章協助設計了許多圖表）、Donna Fraser、Noah Glassman、Ben Lipton、Natasha Prenn、Danny Yeung、Belinda Boscardin、Stacey Kirchner、Jenny Moore 和 Christopher Szarke。

許多老師和才華橫溢的治療師啟發了我，塑造了我的思想，也促進了我的臨床發展，尤其是國際體驗動力治療協會的成員Diana Fosha、Leigh McCullough、Isabel Sklar、Jill Strunk、Gil Tunnell、Michael Laikin、Terry Sheldon、Maria Derevenco、John Budin，還有我在加速體驗動力心理治療協會的同事。

也感激我的學生挑戰我，讓我能將思想和方法轉化為文字，我的學生憑藉自身的才能和學習慾望激勵我、讓我成長，最終成為一名教師和臨床醫生。

感謝我的諮商者讓我走進他們的心靈和生活，用他們最深的感情榮耀我，用他們的勇氣激勵我，能夠參與他們的旅程是一種榮幸。

感謝Park House的員工，感謝他們的愛心和自娛娛人的幽默感。

Susan Schaefer是一名可靠的嚮導，感謝她在過程艱苦時一直陪伴我，讓我能為美好的事物而存在。

Diana Fosha是一名偉大的治療師，從「從基礎開始」教導我情感的轉化力量，並在過程中協助我改變人生軌跡，如果沒有我們共同完成的治療過程，就不會有這本書，她一直支持著我，她的慷慨和友誼是一分贈禮。

感謝我的朋友，感謝他們頻繁關心並鼓勵我，把我從筆電中拯救出來。

感謝我的家人，謝謝他們的愛和支持，感謝他們對我的堅定信念，沒有人能像我家人一樣讓我開懷大笑。

最後感謝Tim Beyer，我無法想像這世界上還有比他更好的合作夥伴，我感謝他，就這麼簡單，感謝他為我所做的一切。

為了保護當事人隱私，書中描述的人物都是我過去合作客戶的綜合體，其姓名和基本識別特徵皆出於虛構，若與任何人相似都屬雷同。

這世上最美好的東西看不見也摸不著，必須用心去感受。

——海倫・凱勒

引言

有鑒於你已經拿起這本書且正在閱讀，所以我足以確定在某程度上，你對自己的生活並不滿意。但當你仔細審視自己的生活，卻又不覺得有所匱乏。你的日子過得忙碌而充實，有朋友、同事、家人，甚至可能有伴侶或配偶，但總覺得不太對勁，似乎少了些什麼。

許多人都有這種感覺，我們渴望生活能過得更有活力和存在感，渴望連結自我，渴望更加親近我們所愛之人，但無論怎麼做似乎都無法實現。我們想知道自己為什麼不快樂？為什麼關係無法盡如人意？為什麼生活沒辦法過得順心如意？我們想知道自己人生就這樣了嗎？

有些人認為不快樂應歸咎於生活太過忙碌。工作壓力很大，工時很長，還要忍受勞累通勤，面臨日益增長的時間壓力、家庭責任和家庭需求，壓力大到無法放慢腳步，無法把心思放在生活上，沒時間與朋友和家人團聚，沒時間在這些關係中投入時間與精力，因為我們的精力已經消耗殆盡，無法用更有意義的方式走進自己的生命。

上述說法看似有理，但我相信，在忙碌之餘還有其他問題。

根據我在心理治療和輔導案例上的經驗，還有職業和個人生活中結識的對象，以及在自己生活中的體會，我開始相信讓我們感到脫節的主要原因與恐懼有關。

我們在害怕什麼？答案可能讓你大吃一驚——我們害怕的是自己的情緒。

感受情緒能讓我們覺得自己還活著、感覺到生命的活力，也能激勵我們迎接並應對人生中的挑戰，同時指引人生的方向，最終得到自己真正想要的生活。情緒能彌合與他人之間的鴻溝，活化與他人之間的關係，並幫助自身感受到親密感。畏懼自己的情緒是一種**情緒恐懼症**，代表對自己的情緒感到不自在，也無法與他人分享這些感受。這種恐懼使我們遠離內心的智慧和力量，也與他人漸行漸遠。

這種恐懼其實很常見，實際上，大多數人都害怕自己的情緒。害怕感受全部的情緒，害怕情感豐富，害怕顯露自己的感受，害怕自己變得脆弱，害怕引起他人的注意，害怕自己看起來像個笨蛋，害怕自己不知所措，害怕自己失去控制，害怕失控的感覺，害怕被人看見真實的自我。

我們都如何應對這種狀況？逃避自己的情緒，盡可能繞道而行，掩飾自己的感受，故意讓自己分心，把感受擱置一旁，把情緒塞回去，希望這些情緒會自動消失。

無論好與壞

壓抑自己的情緒不會讓情緒消失，而是讓情緒在內心潰爛，內耗生命能量，最終會以如下的形式重新浮現。

焦慮恐懼　過動
易怒　拖延
失眠　腸胃問題
磨牙　人際關係問題
低自尊　憂慮不安
憂鬱且缺乏動力　慢性疲勞
高血壓　頭痛
憤怒爆發　性功能障礙
空虛

但情緒不會自動消失，這些情緒會一直試圖吸引我們的注意力，希望我們能傾聽、能有所回應，這正是情緒的本質。當上述這些情緒重新浮現，我們會感覺有點不尋常、有點奇怪或不太對勁，例如感覺到擔憂、易怒、煩躁、焦慮或憂鬱。

此時我們會選擇傾聽情緒的聲音嗎？不會，我們會更努力逃避，會全心投入工作，或者逛街、喝酒、吃飯、用藥、做愛或瘋狂運動，會用手機聊天、用黑莓機傳訊息、上網、打電玩、邊看電視邊恍神，只要能讓自己保持忙碌分心都好。接近自己的真實情緒時，只要能讓自己變得麻木不仁都好。

我們沒有按自己想要的方式過生活，而是仰賴自動駕駛前進，半夢半醒地過生活，但依稀能意識到內心仍有什麼在蠢蠢欲動。我們不知道自己是如何阻撓自我，我們想知道自己為什麼不快樂？為什麼生活沒有辦法盡如人意？與他人的關係為什麼令人不甚滿意？為什麼會感到如此孤獨？

除非有勇氣面對情緒並分享感受，否則事情不會有任何改變。

為何要閱讀這本書？

我怎能如此理解這種困境？因為我是過來人！

長期以來，我在本能層面上與內心深處的真實感受相當脫節，因此變得非常害怕自己的情緒，害怕傾聽和相信自己的真實感受，這使我無法聽見埋藏在內心深處的聲音。那個聲音知道我想要什麼、知道我渴望什麼，也知道孰對孰錯。

有了後見之明，我現在才能提出勸告，但當時的我根本不知道發生了什麼事，我沒意識到面具底下的我有多焦慮，不知道恐懼對我生活的各個面向造成多麼嚴重的影響。我到處奔忙，從家裡去工作、到學校、到健身房，再回到家裡，推動上述這些行為的動力是對情緒一種根深蒂固又潛在的恐懼，正是這種恐懼使我遠離自己的真實感受，並阻止自己與他人建立更深入的連結。

我當時只意識到自己感到多麼孤獨，撇開我忙碌的生活，我的伴侶、朋友、家人、我認為親近的人，我全都感覺有些不對勁。我會花時間與人相處，事後卻感到空虛，渴望與對方建立連結，卻不知道是什麼阻礙了自己。**是我做錯了什麼嗎？是我說錯了**

什麼話嗎？他們只是不喜歡我還是覺得我很無趣？我說不上來到底是什麼原因，也無法釐清自己為何最終會感到如此孤獨。

所以我跟上忙碌的腳步，像滾輪上的倉鼠一樣轉來轉去。我懷疑自己的感受，懷疑自己身處在不對的關係中，也逃避自己根本沒意識到的情緒，逃避根深蒂固的恐懼，不願相信自己的內心，不相信自己可以用更真實的方式過生活。我就是不願意停下腳步傾聽內在自我，不願真正活在當下，因為一旦讓自己靜下來，我就不得不面對自己的恐懼，也得冒著接受情緒和重獲新生的風險，那感覺太可怕了。

如果我沒有得到應得的幫助，如果我沒有意識到自己害怕的是內心真實的感受，然後進一步學會如何戰勝恐懼、擁抱感受，並真正與他人建立連結；如果我沒有留意到這個警訊並開始向情緒敞開心房，我很害怕自己現在會變成什麼樣子。

我工作時面對的諮商者很多都像過去的我，也許也很像你，這些人大多都很想改變自己。他們多年來一直努力改變自己的做法，其中某些人甚至接受過心理治療，但無論他們如何努力都無法達到持久的成效，總是一遍又一遍重複相同的模式。這種模式使他們與情感自我隔絕並與他人保持距離，也讓他們無處可逃。

聽起來很熟悉嗎？

重蹈覆轍的原因很簡單——在處理好自己的情緒之前，我們的感覺或行為方式不會真正改變。如果我們真心想要改變，如果我們真的想要感覺自己還活著並與生活中的他人建立連結，我們就必須學會與情緒建立連結，並管理自己的情緒，包括因失去感覺到悲傷、受委屈時感覺到憤怒、勝利時感受到喜悅、受到關懷時感受到愛，以及其間的所有感受。

我知道有許多好心人會告訴你其他理論，市面上有很多關於如何「超越」情緒、靠思考阻止情緒，或者透過肯定來轉化情緒的書籍，不幸的是，這些策略並沒有用，只能帶來短期的緩解，而現在，我們都知道原因了。

認知科學或心靈科學多年來主導我們對人類心靈的理解，無論走到哪裡，我們從心靈勵志書、脫口秀、建議專欄，甚至一些從心理治療師那裡得到的總體資訊，所有概念都不脫積極思考。

實際一點吧，如果事情有那麼簡單，我們現在早就過得很好，我早就跑到鱈魚角（Cape Cod）開民宿了！

幸運的是，在過去幾年，情緒研究出現爆炸式的增長，這些研究徹底改變我們對大腦運作、發展和變化的理解，我們現在知道，想要帶來幸福和持久的改變，情緒能比思想發揮更強大的作用。原因很簡單，情緒的產生可能比思想更快也更強烈，有時無論怎麼壓抑或努力控制，情緒還是會占上風（我將在下一章詳細說明原因）。此外，在神經可塑性領域（即研究大腦如何改變其結構和功能）的最新發現也揭露，情緒性體驗其實具備重新串聯大腦的力量！

對我們來說，學習如何處理情緒而非抵抗情緒，不是比較合理嗎？

正如丹尼爾・高曼（Daniel Goleman）在其暢銷書《社會智商》（暫譯。*Social Intelligence*）中所言，我們現在基本上都知道人類彼此「緊緊串連」[1]。從出生那一刻起，我們天生就有與他人建立情感連結的傾向。會形成這個傾向是有充分理由的，因為源於情感親近的安全感是人類幸福的基礎，能為我們提供知名精神病學家約翰・鮑爾比（John Bowlby）所謂的「安全基地」[2]，即一個能讓我們成長和探索世界的堅實基礎。建立人際關係不僅能讓人感覺良好，還能增強應對壓力和度過人生難關的能力，在健康上也帶來了無數益處，例如能增強免疫、心血管和大腦功能。事實上，擁有密切和相互支持的人際關係能讓人更加長壽！

但這裡有個先決條件，最重要的不是擁有多少人際關係，而是關係的品質，而品質則取決於情感上的親密程度。總之，關係愈親密，能從中得到的益處也愈多。只有在情緒上感到健康、開放、安全，且能意識到自己的情緒及情緒如何影響自身時，才有能力擁有真正的親密關係。因此我們有必要學習自在與情緒共處及分享情緒的方式，如此才能培養以健康的方式感受並建立連結的能力，若是不這樣做，人們注定會感到孤立和孤獨。

你可能會想，這感覺起來可能不如想像中那麼輕鬆。進一步向自己和他人敞開心房感覺很可怕，我當然能理解你的顧慮，這的確可能很可怕。許多事情在踏出第一步之前看起來都很可怕，但是一旦發現沒有那麼可怕，便能從中受益，甚至讓我們樂在其中。處理情緒問題也是一樣，嘗試愈多次就愈能與情緒連結。當過程愈容易，就會愈習慣處理情緒。

所以你打算放任恐懼害你距離自己的生命愈來愈遠，只能從遙遠的螢幕上看著生命在眼前上演，卻從未真正感覺到自己活在當下、參與其中，從未真正親近自己的所愛之人嗎？還是你想進一步參與自己的生命？同時希望自己的生命更加充實？

如果你願意，我可以幫忙，但你必須勇於嘗試並承擔一些風險，必須捲起袖子、灰頭土臉，因為過程確實會有點辛苦。

雖然我無法保證這個過程不會經歷痛苦或混亂，但我可以說：「與情緒共處和分享情緒的能力，會以一種前所未見的方式改變你的生命。」我個人深知這一點，每天與諮商者諮商的過程中也能從中看出許多好處。

當人願意敞開心房表達自己的感受，就會出現以下的改變：

- 整體焦慮水平降低，個人在情緒上出現很大的緩解。
- 不再感覺自己受困，注意到一種流動感，一種律動感，一種正能量流淌過的感覺，這是一種讓人充滿活力的能量，能讓人感覺更堅強、更有力量，這種能量能促使人們敞開心房，突破過去的障礙，重新體驗到自己的存在。
- 能接觸並表達真實的自我，不再懷疑真實的自我，坦承並表達感受之後能深化並改善人際關係，不再感到孤獨。
- 生活變得更豐富，更心滿意足，能感受到生命深刻的意義、目的和歸屬感。

人們最終會開始意識到自己的真正潛力，感覺到生命力、活力，並與自身、他人和世界的體驗產生深刻的連結。

有什麼收穫比這更為寶貴？

能參與如此美妙的體驗真是令人欣慰，我幫助人們發掘並接納自己天生就是情感豐富的美好存在。每一天，我都為此深深感動，因為有人開始突破自我受限的障礙，並與更深、更完整的自我體驗建立連結。

培養與情緒相處和分享情緒的能力時可能發生劇烈的改變，我幫助的人愈多，愈能看出這種改變，也愈自覺有必要向更多人傳播這些資訊。這可能已經變成我的使命——協助人們克服恐懼，喚醒內心豐富的情感，並與生命中的他者建立更親密的連結。我寫下這本書就是希望你也能改變自己的人生。

關於本書

《我值得擁有好生活》旨在幫助你克服恐懼，並利用情緒的智慧和力量來獲得真正想要的生活。我將在書中分享多年來的所學和研究，以及每天教導諮商者的方法——一種經過實證的四步驟，以克服恐懼並與自身和他人建立更深刻的連結。

本書分為兩部分，第一部分「準備工作」是為後續的行動步驟奠定基礎，首先我們要確切瞭解眼前的問題——害怕自己的情緒，或者稱之為**情緒恐懼症**。我將概述這種恐懼症發生時最常見的跡象，這樣你便能從自己身上辨識出這些跡象。下一步，我要你檢視自己是如何開始害怕自己的情緒，以及如何與他人建立更深刻的連結，同時也要探索自己成長的情感環境，以及可能影響當前生活的不成文規則。

接下來，在第二部分「採取行動」中，我將介紹克服情緒恐懼症的四個步驟。

第一步驟：培養自覺

改變要從培養所謂的情緒正念開始——當下要意識到自己的情緒（我將在第三章介紹），也要意識到自己為了逃避情緒所做出的行為（我將在第四章介紹）。你須要把注意力轉向內在，著手調整情緒體驗，同時也須要意識到自己正在做的事會阻礙你與自身及他人建立進一步的連結。我們都具備普遍的行為模式或「防禦」模式，會有意或無意使用這些模式來逃避自己的情緒。例如當內心開始浮現悲傷，我們可能會做一些事情來試圖壓抑情緒，像是轉移話題、別開目光或者刻意輕描淡寫。雖然有時以這種方式回應尚屬合理，例如身處工作場合或者參加社交活動時，可能得等到回家後才能發洩情緒，但若是對自己的反應缺乏自覺，這種防禦方式就可能會造成問題。大多數情況下，我們的防禦模式已經非常根深蒂固，可能在不知不覺中做出，導致至今已無力改變自己應對情緒的方式。如果搞不清楚自己在做什麼，就不可能改變對自己不好的行為！

第二步驟：馴服恐懼

一旦意識到自己的防禦模式，你的自覺可能也會增長，會逐漸意識到這些情緒防禦模式下長期壓抑的潛在不適感，你可能會注意到自己身體緊繃，胸口一緊，或者坐立難安。這些表徵和其他各種身體經驗（即你身體上的所有感受）都是恐懼的身體表現形式，當我們感覺受到威脅，這種「不戰即逃」的反應就會啟動。這種反應也是一種跡象，表示你正在接近自己的感受。

整個改變過程的關鍵是找到更有效的方式來處理情緒恐懼症，這是一種反客為主、奪回主導權的方式，別讓自己在不知不覺中被恐懼控制。我會教導你具體的方法，協助你將不適感降低到可控制的水平，這樣你就毋須要壓抑、忽視或者努力忽略自己的情緒。透過練習能降低焦慮感，讓你更有能力活在當下，並為情緒找到容身之處。

第三步驟：透徹感受

一旦開始留意自己的情緒且有能力馴服恐懼，下一步就是讓自己開始體驗內在的情緒。透徹感受情緒時會有一股能量流向這些情緒，一開始微不足道，接著上升至頂峰、破裂，接著消散。情緒就像大海的波浪，比方說你一開始可能會注意到憤怒是一種瑣碎的挫敗感，如果下一步能關注這種感覺並留給情緒一些空間，情緒就會開始擴大，使身體變熱，手臂開始發麻，並感覺到一種生理反應上的衝動。如果你與這種內在體驗共處，不要試圖阻止或排拒。若能找到一種方式來度過和包容這種內在體驗，那麼憤怒的感覺就會達至頂峰，然後快速消退。

度過內心的情緒波浪之後，你會達到一種充滿活力又恍然大悟的狀態，可以在這個狀態中徹底接觸自我，並從中獲得許多好處。你可以自由選擇是否採取行動，但如果你選擇採取行動，你希望如何進行？想達到什麼目標？我將教導你用健康的方式來體驗情緒及如何有效管理情緒，避免被情緒淹沒。你將在此步驟中培養所需的技能，讓你在情緒的未知水域上暢行無阻，學習熟練駕馭這艘情緒之船。

第四步驟：敞開心房

下一步，我們要敞開心房。是要用言詞向他人表達內心的感受？還是把情緒留給自己就好？有時候，與情緒保持連結即可。知道自己的位置，知道自己想要什麼才是最重要的。但大多數情況下，情緒的出現不僅是為了體驗，也是為了分享。事實上，一旦觸及感受，便會發現這些感受也會促使自己想要敞開心房，揭露真實。但很多人不確定該如何敞開心房，不知該如何表達自己的感受，也不知該怎麼做，才能讓對方有效傾聽我們的心聲，並產生最好的結果。我將教導你用健康的方式來表達並分享自己的感受，教你如何區分何謂聰明和不聰明的表達，還有如何利用坦誠自己的感受來親近對方，並與對方更深入建立連結。就像前述所有步驟一樣，練習表達感受的次數愈頻繁，就會變得愈容易做到。

*

這本書裡有許多脫胎換骨的案例，有許多像你一樣的故事，所有感覺自己受困、孤獨和絕望的人都找到了勇氣面對恐懼，冒險敞開心房並與他人分享感受，他們都不敢相信自己真的可以改變人生。

同樣的事情也可能發生在你身上。

這正是我希望你從本書中學到的——只要運用正確的工具並付諸實踐，便能改善生命與人際關係。

改變的能力存乎於內心，只是等待釋放。我想幫助你學會運用情緒的驚人智慧和力量，如今你已邁出第一步，現在請與我並肩一起踏上這段旅程，你會見證自己擁有改變生命的力量。

第一部分

準備工作

Chapter 1

接納或拒絕情緒

生命的縮小與擴展，與一個人的勇氣成正比。
——阿內絲．尼恩（Anaïs Nin）

麗莎特地提前幾分鐘下班，想及時趕到機場接她的男友格雷，她還到商店買了最後幾樣東西，準備要幫男友煮一頓接風宴，歡迎他出差回來。幾分鐘後，格雷坐在前座對她說：「聽起來不錯，我的時間應該還能跟妳吃飯，然後去找我朋友見面喝酒。」麗莎的下巴開始收緊，她心想：「**我有多久沒跟他見面了，他居然打算在回來的第一晚去找朋友？天哪！**」她開始怒火中燒，但卻用一個冷酷的微笑來掩飾，她問他：「你出差怎麼樣？」

*

亞歷克斯按下汽車音響上的電台掃描

鍵，想找自己想聽的音樂，最後他選了一個播放聖誕頌歌的電台，他的妻子說：「噢，我喜歡這首歌，親愛的，我們聽這台吧。」車內滿是〈平安夜〉熟悉的旋律，亞歷克斯覺得內心被什麼東西擊中。距離他父母車禍喪生那天已經快一年了，他們當時與他現在開在同一條路上，他腦海裡充斥著小時候的節日回憶，滿是他與父母一起度過的快樂時光，他能感覺到淚水湧現，所以他將臉轉離開太太的方向，不想讓她看見。他心想：「**拜託，好傢伙，把持住自己，你得堅強起來。**」他握住方向盤，努力壓下情緒。

*

凱特和朋友們計畫這個假期已經好幾個月了，加班那麼久終於可以休息一下，一夥人很早起，開始踏上期待已久的健行之旅。到達第一個觀景點時，他們停步片刻在山上欣賞風景。初升的旭日在乾旱的沙漠景觀上投下柔和的橙色光芒，空氣中瀰漫清新的氣息，凱特深吸一口氣，心裡想著：「**多麼完美的一天。**」突然間，一股焦慮襲上心頭，毫無來由地。她轉過身去，感到一陣煩躁和坐立難安，然後拋下她一頭霧水的朋友們。

＊

儘管上述狀況各異，但這三個人非常類似，他們都害怕面對自己的情緒。麗莎害怕自己的憤怒，她把對男友的憤怒藏在心底試圖忽略，但無論她如何努力，情緒都會吞噬她，她最終會憤恨難平，因為憤怒的情緒並沒有消失。

亞歷克斯害怕面對自己的悲傷，他害怕脆弱，害怕自己流露出父母去世的悲傷。他害怕顯露情緒會讓自己失控，害怕自己情緒混亂，害怕太太會覺得他軟弱。

凱特恐懼幸福，害怕放鬆下來好好享受，害怕和朋友一起享受當下，這會讓她焦慮、讓她緊張，這真是太慘了，期待了這麼久的假期，她卻無法真正享受。

這些人真是太可憐了。

如果麗莎能自在面對自己的憤怒，如果她能夠讓自己觸及情緒並感受情緒的力量，也許她會有勇氣對男友吐實，老實告訴格雷她的感受。

如果亞歷克斯不害怕面對自己的悲傷，也許坦誠自己為父母難過的情緒能讓他感到寬慰，也許他會和他太太分享情緒，而不是獨自面對痛苦。此舉能與她感覺更親近，他也許會發現與對方分享痛苦的情緒是非常美好的經驗，即便在他跨出這一步之前，這個說法看似很奇怪。

如果凱特可以自在享受快樂，也許她……等等，愉悅的情緒不是很容易接受嗎？沒錯，本來是這樣，但對很多人來說並不是。大多數人都會對自己的情緒感到程度上的不適，有時甚至連愉快的感覺都會。當我們開始接近情緒，焦慮的浪潮就會半路殺出，讓我們變得煩躁不安，不願接納自己的情緒，並開始進行一連串摺衣服和打掃房子之類的馬拉松式行為，或者決定轉換念頭；用工作、電視、食物分散自己的注意力；也可能退回沉默。我們其實很擅長費盡心思控制情緒。

簡而言之，我們罹患了**情緒恐懼症**，害怕面對自己的感受。

各種恐懼症

在心理學術語中，恐懼症是對特定物體或物體類別一種誇大且毫無來由的恐懼，例如蜘蛛、高度、近距離等，但正如哈佛醫學院心理學家雷伊・麥卡洛（Leigh McCullough）博士所指出，我們也可能會害怕自己的感受或情緒，她稱此為「情感恐懼症」[1]。害怕自己情緒的人會表現得像本章開頭案例中的麗莎、亞歷克斯和凱特。

當你接近自己的情緒，會如何描述身上的反應？你會開始感到緊張或不安嗎？或者你會描述為焦慮或憂慮？或者是不舒服？所有不同的形容詞都與恐懼有關，有某種感覺讓我們想要退避或撤退，這就是人類面對威脅和可怕事物的自然反應——我們不想與之產生任何關聯。

因為情緒恐懼症，我們才會想要逃避情緒。

*

我經歷過最嚴重的心理鬥爭是在我博士畢業那天，對象是情緒恐懼症。我一直幻想著畢業，那一刻彷彿永恆，而我終於要跨過那條終點線，即將奪下獎牌。在那甜蜜的一刻，我終於能停下腳步，品嚐甜美的果實。

我在等待畢業典禮開始時，試圖思考過去幾年取得的成就、所有的努力、所有跨越過的障礙，我想停下腳步讓自己真正品嚐這一刻，並沉浸在所有榮耀當中。我雖然很努力卻做不到，心中只感到激動又焦躁。

我把腳抵在地板上，強迫自己站著不動，想給情緒留一些空間。

一絲自豪開始浮出水面，我心想：「開始了。」就在我要觸及興奮情緒的那一刻，一陣焦慮卻沖走了興奮感。

「該死！這是怎麼了？再試一次吧」我陷於沮喪中想也想不透。

我深吸一口氣，試圖喚起一絲美好的感覺，想把這些感覺變成現實，然後又深呼吸一次，一陣微微的幸福感迎面而來，但在我把握住這個感覺之前，幸福感已經消逝，被一股奇怪的內疚控制，彷彿我不值得快樂，彷彿如果我真的讓自己開心，就會發生可怕的事情。

「這不合理，這是我一直在期待的時刻，我應該要很興奮呀！」我心想。

突然，一陣喇叭聲響起，前面的隊伍開始移動，我的心跳加速，沿著長長的通道向前走。洞穴狀的空間裡擠滿驕傲的父母、親戚和朋友，空氣中充斥著期待，我掃視觀眾群，想尋找熟悉的面孔，想要找到我的家人，努力想要鎮定以對。我找到我的兩個姐姐就站在遠處，她們的目光與我相遇，她們看到我看見她們，眼睛睜得大大的，我們興奮地微笑向對方揮手，我可以看見她們正在拭去眼角的淚水。

剛走到座位上的我突然覺得不知所措，開始哭了起來，腳下的地板彷彿正在崩裂，一陣巨浪打來，彷彿就要衝破並超越我。我坐下來緊繃神經，想要對抗這股情緒的洪流，我整理好自己的情緒，盡量保持不動，這樣就沒人會注意到我的內心正在顫抖。

『那是怎麼了？為什麼會流淚？』我很好奇，我是否被姐姐眼中的愛所感動？還是因為我終於完成這個成就？這是部分原因，但這也是痛苦的淚水，是我不理解的淚水，更是不合理的淚水。所以我推開情緒，把淚水放逐到遙遠的地方。

後來我默默努力撐過整段儀式，掛上微笑去找我的家人。但是當我在人群中看見他們成群站在那邊，我母親卻看出我不太對勁。

「怎麼了？你是怎麼了，親愛的？」她緊張地問我。

淚水再次盈滿我的眼眶，我搖搖頭說：「這一路走來很艱難，我付出很多努力。」我設法微笑但沒有用，我又哭了出來，被一股深沉且令人困惑的悲傷所淹沒。

我的家人全站在那裡，臉上充滿問號，我姐翻了個白眼，我姑姑一臉茫然，我父親則移開視線。我自覺尷尬而低下頭，推回情緒並艱難地吞下，努力扮演快樂畢業生的角色。

回家的路上我坐在車上，沒有如釋重負的感覺，沒有滿足感，當然也不快樂，我幾乎沒有感受到預期中的喜悅。建築物在模糊中掠過，我麻木地盯著窗外，感到前所未有的孤獨感。

這對我來說應該是個快樂的時刻，我應該充滿自豪和深深的滿足感；應該感謝我姐姐和我家人的愛；應該深深為自己的生命感到喜悅；也應該要很樂於與他們分享這些感受。回想這段往事，我能看出情緒恐懼症是用何等強烈的方式阻礙了我的體驗，讓我無法喘息，把我遠遠推開。年復一年積累的情緒阻塞在我全身，使我根本無法活在當下，也無法與他人建立連結，更無法體會當下所有美好的事物。當壓力變得如此巨大，大到讓我身上日積月累的情緒爆發出來，我完全措手不及又茫然無措，無法辨別心中的許多情緒之間有什麼不同。

當時的我完全沒有頭緒。

辨識跡象

大多數人在某程度上都羞於自由體驗和表達自身的情緒，但當中有許多人沒有意識到自己發生了什麼事。我們可能會發現自己感覺恐懼，但不知道背後是什麼原因造成——因為我們過度專注於控制焦慮，因此無法看出背後的原因。然而在大多數情況下，我們與自身的情緒嚴重斷裂，所以連自己的不適感都意識不到。痛苦在蔓延，卻躲在意識之外，潛伏在幕後，控制著我們的一舉一動。我們與情緒嚴重脫節且習於逃避情緒，根本不知道自己發生了什麼事。我們看不出自己多麼習慣逃避，甚至在情緒湧現之前就先扼殺，事實上，我們已經非常擅於擺脫情緒，根本連心中浮現情緒都不自覺！雖然四步驟方法的第一步是**培養自覺**，即主動意識到自身用來逃避情緒的特定防禦模式，但目前須先針對我們與情緒的一般性關係進行自覺上的提升。

你害怕自己的感受嗎？

就算沒意識到情緒會讓自己感到不適，也沒意識到自己表象下的情緒狀態，但只要稍加思考，就能找出情緒恐懼症的跡象。現在，請花點時間停下來，思考你對自己的情緒有何反應。以下列出情緒恐懼症的常見跡象，列表並不詳盡，但應該可以幫助你開始瞭解自己與情緒共處的舒適程度。

害怕普遍性的情緒

- 迴避情緒化的場面（例如探望悲傷或生病的朋友、離職時與同事道別、自己的

成就獲得認可、解決與所愛之人間的衝突或失望）
‧用微笑或大笑來掩飾真正的情緒（如悲傷、憤怒或恐懼）
‧發現自己很難靜下來，也很難和自己相處
‧對自己想做的事情想太多，在腦裡反覆思考卻無法採取行動
‧持續抱怨同一個問題，卻不做任何事來改變現況
‧絕不讓自己失控
‧面對情緒問題時茫然不知自己的感受

害怕在情感上與他人接近或親密

‧一旦情緒開始在內心激盪就會轉身逃離，甚至也這樣對待親近的人
‧面對人時一旦沒話講，就會感到不適或緊張
‧對特定的情緒感到尷尬或羞愧
‧與他人眼神接觸太久會感覺不自在
‧有人對你坦承內心感受時會引發焦慮
‧無法承認或公開表達內心的感受

對難過或悲傷的情緒感到不自在，且會刻意逃避

- 不想在任何人面前哭泣，習慣在人前忍住眼淚
- 害怕脆弱，害怕看起來脆弱，不想顯得軟弱，刻意表現出不受情緒影響
- 擔心自己會哭到停不下來，害怕自己失控或發狂

害怕憤怒或堅持立場

- 從來不讓自己動氣
- 把情緒悶在心裡，長期心懷怨懟
- 逃避憤怒的情緒，這些情緒最終會用亂爆發或發脾氣的形式出現，到那時就為時已晚了
- 透過被動態度（例如遲到、不回電話、「故意忘記」做某件事）來表達憤怒，而不是直接表達
- 很難堅持自己的立場，或者很難表達與他人不同的立場
- 覺得自己有義務當好人但背地裡卻感到怨恨，然後再指責自己是一個壞人

害怕幸福或快樂

- 無法長時間感受真正的快樂或開心
- 忽略自己的成就，或者習慣先擱置美好的感覺，之後再面對
- 無法與他人分享驕傲或幸福感
- 對他人的恭維和讚美感到不自在
- 很難做出發自內心、自然而然的反應

程度問題

這些跡象當中有任何一項看起來很熟悉嗎？也許你可以從當中辨識出好幾項，也許只有少數幾項符合，這是因為每個人害怕情緒的程度可能有所不同，這一切都取決於親近自己情緒時經歷的焦慮或恐懼到達何種程度。

有些人害怕所有情緒，他們的恐懼實在太強烈，所以完全壓制了內在產生的情緒，也消除任何讓情緒浮出水面的可能性，但如果仔細觀察這些人，你可能會非常驚訝，因為雖然這些人的情緒可能看不出來，但他們往往非常焦慮，在所有焦慮底下和意識

之外全是情緒，他們只是不自在到甚至看不見自己內心有情緒存在。

光譜另一端是高度情緒化的人，他們無法持續調節情緒，也無法運用情緒，他們面臨的挑戰不是敞開心房，而是要找到一種方法來調整和降低情緒性反應，以及調節情緒體驗。後續我會分享一些技巧，可能對那些在情緒中掙扎的人有所幫助，但這本書主要還是為了幫助那些想要全面觸及自身情緒的人。

大多數人面對某些特定的情緒通常會顯得比較自在，面對其他情緒時則不太適應，例如可能很容易敞開心胸跟朋友一起大笑，卻很難產生憤怒。或者可能不介意生氣，但悲傷、溫柔和親密感這類「偏軟性」的情緒，卻會讓人非常不自在。或者雖然可以面對悲傷，但是找時間做些讓自己開心的事、讓自己感覺心滿意足或對自己的成就感到自豪，卻會讓人感覺很不自在。

然而事情並不如我們所想像，因為人難以體驗到某種特定的情緒時，面對其他情緒也很難感到自在。當壓抑自己的情緒，所有的感受能力都會受到影響，就算只是壓抑其中一種情緒也一樣。當很難面對憤怒的情緒，也會影響自己對快樂的體驗，或者對悲傷的恐懼會影響對愛的體驗。依此類推，循環不止。

在此，以前文麗莎的事例來做說明。

萬事相關

麗莎進行第一次心理諮商時，她形容自己平常是個「樂天派」的人，喜歡做些讓自己開心的事、喜歡大笑和享受美好時光，會讓她感到沮喪難過的原因總是她男友，如果格雷不要那麼自私，對她的情緒體貼一點，她就不會那麼不開心了吧？

嗯，或許吧。

如果格雷可以調整自己的態度跟麗莎相處，當然會有所幫助，但麗莎無法體驗並處理自己的憤怒情緒也是一個問題。

麗莎逃避並擱置自己的憤怒時會感到憤恨難當，這些情緒會滲透到她的生活中，讓她覺得自己與格雷的連結斷裂，跟他相處時顯得心不在焉，她沒辦法和他開心相處，也不想跟他做愛。此外她還會感覺沮喪，她工作時很不開心，對過去喜歡做的事情也提不起興致，生活的所有面向都受到影響，緣由只是因為她無法處理憤怒的情緒，彷彿只要那股未消散的怒火還存在心中，其他情緒也沒有容身之處。

麗莎和我開始處理她的情緒恐懼症，希望她最終能克服恐懼，也能接納並處理自己的情緒。首先要協助麗莎培養情緒正念，她須要意識到在表面的行為之下，她其實對格雷非常生氣，這即是四步驟過程的第一步——**培養自覺**。此外，我還協助麗莎辨識自己逃避憤怒的方式，她開始意識到自己有忽視情緒的傾向，傾向將情緒合理化（例如告訴自己：「我只是累了」「我對格雷太苛求了」等等），然後試圖掩飾或吞下自己的憤怒。下一步，我協助麗莎接近自身的情緒，學習如何減輕過程中不自在的感覺，這是第二步驟，我稱之為**馴服恐懼**。她可以藉此學會如何適應身體上的緊繃感，學習放鬆肌肉、深呼吸，然後深入自己的情緒體驗。她透過練習發現自己能夠安全開啟內在的憤怒經驗，這即是第三步驟——**透徹感受**，之後才能進一步運用在憤怒情緒中發現的積極能量。等到麗莎更擅於處理自己的情緒，也有能力與格雷分享情緒，就能做到第四步驟——**敞開心房**了。這樣做不僅能使麗莎與格雷的關係得到改善，她生活中所有其他面向也會獲得改善。她覺得很快樂，對自己的工作充滿熱情並重新感受到生命的活力。正如她所描述的，她覺得自己彷彿「找回了核心的生命力」。

當療程接近尾聲，麗莎與我分享以下這段經歷。

最近她和格雷週末出去玩，所以有一些獨處的時間。星期五下班後，他們開車到山上一個度假勝地，晚上很晚才抵達，他們睡眼惺忪倒在床上，在漫長辛苦的一週工作後放自己幾天假，這讓他們覺得身心都很放鬆。

隔天早上，他們在陽光灑落的房間裡醒來，麗莎下床拉開窗簾，風景美不勝收，清晨的陽光在湖面上翩翩起舞，雄偉的松樹彷彿觸及天空。

「格雷，你得來看看。」她說。

他緩步走到窗前摟著她。「天啊，也太美了！」他說。

他們就這樣默默站在一起摟著對方，整週工作的煩惱逐漸消散，麗莎心想：「**我們正是須要度個假。**」一道溫暖的光芒籠罩在她身上。

早餐後，麗莎跑回房間拿相機，她走出電梯進入大廳時，看見遠處的格雷正在講手機，一邊來回踱步。

她的心緒默默起伏著，心想：「**他一定是在跟誰談工作的事，我們已經講好週末不談工作了。**」她開始不太高興，格雷瞄見她，迅速掛斷電話。

「你在跟誰講電話？」麗莎走近他時問道。

「噢，我沒在講電話，只是看一下有什麼訊息，好了，我們走吧。」

他們走向一條小徑，麗莎可以看得出來格雷心煩意亂，顯然正忙於思考一些工作問題，她覺得有一種灼熱感在體內蔓延，她現在知道這正是怒火，她一度覺得算了，但後來她決定抓住自己的情緒。

她笑著對我說：「我知道如果置之不理，接下來會怎麼樣，我整個週末都會持續發火。」她沒有作罷，而是嘗試另一種處理方式。

她對他說：「格雷，我覺得很生氣，我們已經講好週末要把工作拋在腦後。」

「我沒有跟誰講電話啊，我只是看一下訊息。」他防禦性地說。

麗莎覺得自己的怒火再次升起，但還是堅持繼續說下去。

「無論是看一下訊息還是跟誰講電話都一樣。現在你在想工作的事，你現在已經心不在焉，這會影響我們相處的時間。」她果斷地說。

格雷移開視線，有段時間默不作聲，似乎正在與內心的某種情緒搏鬥，然後他嘆了口氣，回頭看著麗莎真心地說：「妳說得對，對不起，我有時候真的很難放手不管。」

她能看出他眼中的遺憾，也能感受到內心的憤怒在消退，一種如釋重負的感覺很快取代了憤怒，她心想：「**哇，這次不一樣了。**」她再次感受到內心的溫度，他們牽著手開始散步。

麗莎眼眶濕濕地看著我，她的眼裡不再有悲傷，只剩感動。

她說：「我們度過一個非常愉快的週末，我覺得和格雷很親密。」

「感覺如何？」我問。

「太棒了！」她說。

我看著她，她坐直身體，看起來很開心，她處理與格雷對峙那一刻的方式讓她覺得非常驕傲，她經歷那麼多的努力，現在終於能夠表達心聲。

「是的，感受絕對完全不同。」我對她說。我們對視著，一起露出內心深處相互理解的微笑。

*

那些較有能力與他人相處並分享情緒的人，都是這樣處理情緒的。他們有健康的自我意識，能堅持立場、堅持自己的需要應該得到滿足，能為自己的成就感到自豪，能體驗到深度的快樂時刻。他們能在悲傷時哭泣，能在失去時悲傷，在遭受威脅攻擊時感到憤怒。他們喜歡與他人親近，能夠體驗到溫暖和愛的感覺，而且可以放肆做愛。

聽起來很棒，不是嗎？

何必這麼麻煩？

也許你還是存有疑慮，也許你一路看到這裡不過是想湊個熱鬧，但某部分的你或許還想著：「難道情緒不會有所妨礙嗎？這些情緒都太不理智了！情緒不會讓事態變得更糟嗎？情緒不會把事情搞砸嗎？我最後不會沉湎於情緒之中嗎？如果我不處理自己的情緒，可以仰賴思考來度過難關，那不是更好嗎？」

這樣自問並不令我驚訝，這是普遍的看法。我有許多諮商者第一次來見我時都說了同樣的話，我一開始鼓勵他們探索自己的情緒時，他們總問我：「這麼做有什麼好處？」或「那樣做會有什麼效果？」我的回答通常是：「你至今從沒關心過自己的情緒，這樣子真的有比較好嗎？」

如果你覺得逃避情緒沒什麼不好，那麼請停止閱讀，繼續用原來的方式過生活，也許不變真的可以應萬變？

但如果你選擇拿起這本書，繼續逃避情緒就行不通，此舉會讓你陷入困境。你想繼續這樣過活，但一定會產生某些必然的問題。

因此，且讓我花點篇幅來解決你的顧慮。

所謂「情緒會讓事態變得更糟、把事情搞砸、會有所妨礙」等老生常談

這指的其實不是情緒害事態變得更糟，是試圖否認情緒，還有想讓情緒消失的行為才會讓你惹禍上身。

當然，人有時可能須要調整自己的情緒，視當下情況，在採取行動之前，可能須要先控制情緒。但一般來說，試圖在程度上切斷自己的情緒其實就是不允許自己在內心體驗情緒，這是在阻止一個自然進程。人類天生就有情緒串連和情感連結，感覺和情緒其實是神經生物學構成的一部分，是大腦發出的訊號，目的是對環境中的某些事物做出直接反應。當人試圖忽略自己的感受、壓抑或者控制情緒，也是在讓與生俱來的過程發生短路，而這個過程最初的設計原理是以心智的最大利益為主旨。

從進化的角度思考，情緒在物種生存方面能發揮關鍵作用。如果史前人類對迎面而來的兇猛動物缺乏情緒反應，就無法長久在荒野中生存。正是恐懼的情緒讓人類心跳加速，讓血液流到腿上誘發逃跑的反應。如果缺乏與他人親密的情感紐帶，人類將無法生存很長時間，因為親密的情感有助於人類產生安全感和受保護感，因此即使面臨巨大挑戰，人類也能戰無不勝。

這道理很簡單，人類的情緒能發展並持續數百萬年，是因為情緒對人類物種的存續來說至關重要。

請思考一下，情緒在當今的時代，是藉由哪些關鍵方式幫助人類過生活。興奮和喜悅的情緒鼓勵人們敞開心房，參與或繼續從事有興趣的活動；愛的情緒促使人們靠近並更接近自己的所愛之人，也鼓勵自己敞開心房，分享心聲；憤怒的情緒促使人們保護或捍衛自己，在必要時設下界限或限制，讓意見更明確、更容易被聽見；厭惡的情緒促使人們退縮、轉身並避免可能有害的事物；悲傷和難過的情緒無論是失去、失望或傷害，都能促使人們放慢腳步，花點時間處理那些引發悲傷的事件，讓我們哭泣並吐露痛苦，向他人尋求慰藉，盡力照顧好自己，放下過去，繼續活下去。

這些不都是健康的行為嗎？

借助這些非常基本的方式，情緒能動員並引導人類以積極又充滿正能量的方式來應對生活和諸多不同情況。正如神經科學家約瑟夫・勒杜克斯（Joseph LeDoux）所言：「（情緒）描繪出每時每刻的行動路線，也是人類取得長期成就的起點[2]。」情緒能幫助我們傳達內心的狀態，讓自己習慣與他人建立連結。

如果能以健康的方式處理情緒，事態不僅不會變得更糟，還會變得更好。

沉湎於情緒之中

像亞歷克斯害怕自己哀悼死去的父母一樣，你可能會擔心對情緒敞開心房會讓自己沉緬於情緒之中，但我們都很清楚，沉湎並非**感受**情緒，而是一種受困的狀態。當我們**沒有**從頭到尾完整感受自己的情緒，沒有隨著情緒的能量流動或者拒絕跟隨情緒串連的方向，就會發生這種情況。

亞歷克斯告訴我，他擔心自己「最終會沉緬於悲傷之中」，我也趁機向他解釋這種普遍的誤解。人們總以為情緒會永無止境（順帶一提，這正是一種典型的悲傷防禦行為），但我解釋道：「所有情緒都有一種自然的流向，就像海浪一樣會高升、增強，然後消散。當一個人能夠完全感受情緒，情緒就不會持續很久，有時會持續幾分鐘，有時只有幾秒鐘。」

「真的嗎？」亞歷克斯看著我，表情難以置信，但我可以看出有所進展了。

我告訴他：「只有當情緒的自然流動受到阻礙，我們才會陷入這個不上不下的狀態，這通常源自於恐懼、焦慮或憂鬱的情緒。如果我們在心中開始設防，或者無法得到需要的支持來面對排山倒海的情緒時，就會無法完全朝某個方向或另一方向前進。

只有真正感受自己的情緒才能不再沉緬，繼續走下去。」

他認可我的說法，所以點點頭，接著，他的淚水奪眶而出，這個跡象表示，他開始放任自己的情緒自然湧現了。

＊

這並不表示亞歷克斯在那之後就不再害怕對情緒敞開心房，也不表示我對他說過的話從根本上顛覆了他的觀念，就算如此，亞歷克斯也已經知道自己的悲傷不會永遠持續下去，這個過程其實帶來了某些益處，讓亞歷克斯不再感到如此焦慮，也讓他更有能力朝著健康的方向前進。去除恐懼或者把恐懼攤在陽光下，通常可以降低恐懼，我們將在第五章「馴服恐懼」中會進一步討論該如何應對焦慮和恐懼。

我並不意外亞歷克斯的恐懼底下除了其他情緒之外還存在深刻的悲傷，這分悲傷不僅是因為失去父母，也因為他在父母在世時一直與他們很不親。我們開始檢視他的情緒後，亞歷克斯愈來愈意識到自己究竟逃避了多少情緒。為了易於管控過程，也別讓他不堪重負，我們花了一些時間釐清並解開亞歷克斯內心的多種情緒，包括悲傷、憤怒、內疚和愛，有意識地給予每種情緒一些喘息的空間。亞歷克斯開始放任自己經歷每一次的情緒體驗，隨之也感受到深度的解脫和重生。他發現自己更有活力，與自己以及生活中其他人的連結也更加緊密，他不再那麼擔心自己會沉緬於情緒當中了。

最好仰賴思考？

所謂的理性思維，意思是有能力思考問題和運用理性。理性是好事，也是生活所必需，但長期以來，我們卻將思考視為心理健康的一切關鍵。不過現在我們知道了，在追求人生幸福的道路上，**感性**思維也在當中發揮根本的重要性。

請想一想，如果我們的理性思維如此強大，為什麼情緒往往能超越思維？為什麼在理智上知道一件事，例如「這沒什麼好害怕的」，但情緒卻能說服我們不是這樣？以凱特為例，她好幾個月以來一直夢想假期，但現在終於到了這個地點，她卻無法盡情享受。憂慮征服了她，讓她對享受感到內疚，她擔心自己如果真的放手快樂去玩，可能會發生不好的事。

凱特的擔心毫無道理，她明知道假期即將到來，她知道讓自己開心一下沒有錯，也知道即使真的發生不好的事情她也能應付得來，但憂慮和恐懼卻不斷壓倒她的理性。

對凱特來說，表象底下顯然還有更多情緒在翻騰，但為什麼無法壓制那些情緒呢？為什麼她就不能理智一點，用理智來駁倒情緒呢？

部分答案源於我們大腦運作的方式。

還記得我在「引言」中說過感受何以比思想強大嗎？近年來，由於科技的進步，使科學家能夠更準確解讀大腦的功能。約瑟夫・勒杜克斯在他傑出的著作《感性大腦》（暫譯。*The Emotional Brain*）一書中清楚說明了一件事——從大腦情感部位傳播到思考部位的神經連結其實比反向傳播更強大，頻率也更高[3]。這可以解釋為何情緒有時能夠壓倒思想，同時支配思維，這也是為什麼光靠理性思維很難控制強烈的情緒。

有時試圖用思維來支配情緒就像逆流而上，我們最好學習如何接納和處理情緒，別與情緒的潮水對抗。

從情緒中獲得的寶貴資訊

這裡有個小測驗：請撇開感覺層面來決定自己五年或十年後的理想生活。請想像自己在完全不顧感受層面的情況下選擇伴侶或配偶時會是什麼感覺，試想之後就知道這根本不可能。一旦撇開感性層面，我們就不知道一旦做出決定，自己會受到何等影響。

這就是為何罹患情緒恐懼症的人最終會做出錯誤決定，或者深陷對自己不利的關係或情況，因為我們太害怕傾聽和信任自己內心的感受，不敢相信自己的直覺。當然，僅仰賴情緒做出決定但不承認相關數據也可能造成問題，訣竅是先考量情緒，然後運用情緒來引導自己下決定，同時也將其他實用資訊納入過程。如果我們能夠發掘與情緒共處的勇氣，關切自己的情緒並留意情緒帶來的訊息，就能更清楚理解自己該做的事，可能還能發掘勇敢向前和創造改變所需的動力和能量。

生存還是毀滅

自我認同和真實自我的核心很大程度上取決於情緒和反應，你的好惡、什麼讓你快樂、什麼讓你悲傷、什麼讓你興奮、什麼讓你煩惱、什麼讓你沮喪或熱血沸騰，上述一切都能闡明一個人的真實面。

我們能在情緒中發掘真實的自我，當逃避、否認、壓抑自己的情緒，在某程度上也是在否定自己，是在壓制自己的聲音並犧牲真正的潛力和力量。

*

各位有沒有過一種經驗？有首歌聽了上百遍，然後有一天，卻突然聽出了另一番體悟？這件事發生在我生命中的困難時期。當時我正在苦苦掙扎，想釐清一段五年的關係是否應該繼續下去。

有天早上，我準備上班去進行我的日常工作，我在立體音響裡放了一張唱片，想讓腦袋清醒一點。刷牙時，音響開始播放音樂劇《貝克的妻子》（*The Baker's Wife*）中史蒂芬・施沃茨（Stephen Schwartz）創作的歌曲〈草地鷚〉（*Meadowlark*）。我以前聽過這首歌很多次了，一直很喜歡，但這一次，歌詞引起了我的注意，有種奇妙的共鳴深深吸引了我。

女人唱起關於鳥的故事，有隻草地鷚擁有美麗如天使般的聲音卻不幸失明。有一天，老國王發現這隻草地鷚，並將鳥兒帶到了他的城堡，贈與牠無盡的財富且承諾會照顧牠一生，牠唯一要報答國王的方式就是為他唱歌。這聽起來是個很划算的交易，所以牠同意，甘願為國王唱了許久的歌。

有一天，草地鷚在河邊歌唱時，太陽神碰巧遇見了牠。太陽神被牠優美的歌聲所吸引，所以恢復牠的視力作為禮物。牠睜開眼睛時看見了祂，一名美麗的少年站在牠面前，祂要牠陪祂一起飛到地球的盡頭，一起度過牠暗自期盼已久的生活。

牠極度想跟祂走，想過牠渴望的生活，想過牠覺得自己不配擁有的生活，但牠不能放任自己這麼做。牠害怕自己會傷害老國王，害怕張開翅膀飛翔，害怕忠於自己的感受，牠承受不了這個想法，所以拒絕了太陽神。

失望的太陽神道別後就飛走了。當天稍晚，國王來尋找草地鷚，卻發現牠躺在地上毫無生氣，已經死去。

我聽到這一段時內心有某種情緒疏通了，深刻的領悟震撼了我，我開始哭，哭泣很快變成了抽泣，有股巨大的悲傷從內心深處的某個地方被挖掘出來，爆發決堤後一波又一波湧現。

這次與畢業那天不同，這次我知道自己為何而哭。

我就是那隻草地鷚！草地鷚的故事就是我的現況，我如此害怕跟隨自己的內心，害怕跟著感覺走，也不相信自己的直覺，這讓我在不知不覺中切斷內在一個重要的部分，一個深度情感的重要核心。這個核心知道我想要什麼，知道我渴望什麼，知道對我來說何謂對錯。我最真實的自我卻被困在內心之中，被恐懼束縛而迷失自我，迷失了這麼久。

但到此為止，我現在能夠聽見真實的聲音，我不能讓自己踏上草地鷚的結局，我知道自己該做什麼，我知道我必須離開這段關係然後繼續前進，但這並不容易。不，事實上，這是我做過最困難的決定之一。我一度覺得艱難又恐懼，但在內心深處，我覺得這個決定是對的，不能再犧牲自己了，我得傾聽自己內心的聲音。

讓自己盡情感受，讓情緒引導自己度過每一天，這非常需要勇氣，但只要切斷那些封閉自我的束縛，便能讓情緒高飛，充分感受自己的心聲，讓自己自在翱翔。你可以送給自己一個禮物，發掘自己真正的潛力，別像死去的草地鷚那樣囚禁感受和自我。

＊

下一章，我將以更多的篇幅描述我們每天囚禁自己的方式和理由，瞭解自己為什麼會退縮是一個重要步驟。如果我們希望自己最終能夠用全面且廣泛的方式體驗並分享情緒和自我，希望感覺自己活著且充滿活力，希望感覺與所愛之人更緊密連結，希望放開心胸感受和活著，就能為自己帶來豐富、充實又滿足的生活。

你已經踏上這條道路，漸漸能自覺並適應內在的情緒。你已踏上了瞭解自己的道路。

章節要點

- 情緒是人類自然構成的一部分，因此是一種「天生固有」的反應。
- 人類的情緒對自己有益。

- 在情緒中能找到真正、真實的自我。
- 大多數人在一定程度上都害怕自己的感受，這種恐懼稱為情緒恐懼症。
- 會困在情緒裡是因為對情緒設防，而不是因為情緒本身。
- 壓抑情緒會導致大範圍的身體、情緒和心理問題。
- 情緒就像海浪，有自然的消長，會升起、增強，然後消散。
- 大腦內是互相串聯著的，因此情緒比思想更強烈，處理速度也更快。
- 做決定時請讓感覺引導。
- 一個人存在的核心是由情緒和感受情緒的方式構成，逃避情緒就是在壓抑自我並阻礙真正的潛力。
- 儘管面對情緒需要勇氣，卻能帶來很多收穫。

Chapter **2**

我是如何成為這樣的人？

儘管過去痛苦不堪，人卻沒辦法不活在過去，但如果能勇敢面對，就不必再深陷其中了。

——瑪雅・安傑洛（Maya Angelou）

凱倫與她丈夫之間有諸多問題，她談起這些問題時，說了將近十五分鐘，但我仍不確定她是否說出了真實的感受。她說，過去五年不斷累積的種種難題把她逼到絕境，至少她是這麼說的。但我親眼所見卻並非如此。穿著時髦的她坐在我對面，留著一頭深色直髮，有雙棕色大眼，面帶微笑告訴我她的痛苦經歷。

我思索著：「我該怎麼看待她的笑容？她的笑似乎顯得不合時宜，她笑是因為緊張嗎？**是覺得尷尬嗎？是因為擔心我的看法**嗎？」她臉上的表情像帶著一種稚氣，是掩飾她真實感受的一個面具。她的面具讓我想起當年。當年的我非常焦慮，焦慮就像一堵牆，像一座強大的堡壘，不僅將他人拒於門外，也讓我離自己的情緒愈來愈遠。

我思考著，**凱倫笑容的背後有什麼情緒？她默默在努力掩飾什麼？**

「凱倫，我能問一下妳現在感覺怎麼樣嗎？妳一直在告訴我發生在妳身上的痛苦事件，但妳整段過程大部分時間都在微笑，我不確定妳的情緒方面有什麼問題。」

凱倫停頓片刻，然後試圖描述。她說：「我不知道，我覺得很沮喪吧。」

她對自己的感受一無所知，這件事並不讓我驚訝，在我看來，她似乎還沒有能力觸及自己的感受，還無法在情緒上有更多警覺。

「好吧，請花點時間探查自己的內心，妳現在注意到內心有什麼感覺？」我如此建議。

自坐下以來，這是她首度從表象潛入水面，她的笑容開始融化。「嗯，我想我有點緊繃，有點緊張吧。」

「妳身體上有哪個部分感受到緊張？」我想讓她更瞭解自己的身體經驗，此舉能幫助她更親近自己的情緒。

她將手滑到胸前。「這裡……感覺很緊繃。」

「把注意力留在這個感覺上。」我鼓勵她。

話說到這裡，她眼裡充滿了淚水，然後用試探性的小小聲音說：「其實，我覺得自己有點害怕。」

「真的嗎？怕什麼？」我盡可能用溫柔的語氣問道。

「我不知道，我想我可能是害怕你的看法吧。」她停頓片刻，然後繼續說：「有點奇怪，我突然覺得自己很渺小，像個小女孩，我很害怕，我怕你會覺得我很糟，我不喜歡這種感覺，我不喜歡有感覺。」

凱倫和我很快發現，她經常排斥自己的情緒，不只是面對我的時候，她不太習慣感受和信任自己的情緒，也常想著自己會不會被情緒搞瘋。

哪裡出了錯？

凱倫在親近自己的情緒時何以充滿疑慮？因為覺得自己很糟嗎？為什麼她會預期對方並不想面對她的情緒？凱倫發生過什麼事，讓她對真正的情緒、真正的信念，還有分享感受這件事變得如此不自在？進一步說，到底發生了什麼事讓我們變成這樣，變得如此害怕自己的感受？

一個充滿恐懼的世界，當然會令人裹足不前。

也許你自己有孩子，或者有家人或朋友家裡有小孩，請花點時間回想嬰兒有情緒時會如何表現。你是否留意過嬰兒的情緒如何流動？每當我面對一個嬰兒，看著他們在情緒上的自由表現，都會讓我驚訝萬分。嬰兒開心時會笑，不高興時會哭，遇到挫折時會生氣，他們很容易就能表達和交流基本的情緒，顯得活潑有生命力。能親眼目睹人類經驗的豐富性能用如此自然輕鬆的方式表現出來，真是令人喜不自勝。

但嬰兒這種充分表達情緒的奇蹟，卻與凱倫還有我在工作和個人生活上認識的許多成年人形成鮮明對比。我並不是要建議大家表現得像嬰兒一樣，也不是要大家不採取任何行動來調節自己的情緒，此舉當然並不健康。我們需要有能力以成人成熟的方式處理情緒。但如果人類天生的情緒就不受約束，那麼到底發生了什麼事讓我們變得如此拘謹？我們是如何失去這種連結和自由的能力？

觀察最早的情緒體驗就可以找到答案。

孩提時期

雖然每個人天生都有感受的能力，但嬰兒時期的我們並不知道如何與情緒共處，還不太確定如何處理或理解情緒。我們遵循的是一種非常基本的方式，完全依賴照顧者來教導我們如何駕馭這個全新的情感世界。

我們須要照顧者與我們協調一致並回應我們的感受，須要照顧者驗證感受並幫助我們瞭解感受的價值，需要這些感受來幫助我們應對和管理情緒，例如憤怒、悲傷和對親近的需求，尤其是這些情緒很強烈或者難以承受時。當照顧者能協助嬰兒和幼兒成功調節情緒（例如撫摸害怕的孩子背部，讓孩子覺得放心又有安全感；或者與幼兒暢談憤怒的情緒，協助幼兒發展出有建設性的表達方式，同時協助幼兒處理憤怒的情境等等），孩子就能發展出充分感受、體驗情緒，並以健康方式表達和處理情緒的能力。我們在孩提時代經歷的情緒範圍越廣，長大後發展出的情感範圍就會愈廣泛也愈有彈性[1]。

如果照顧者在情緒上抱持開放態度，能自在表達感受也擅於處理情緒，整個過程就能水到渠成，孩子也能培養出處理情緒的能力。但問題就出在這裡，許多照顧者並不具備這種特質。我們當中有許多人是由父母帶大，父母或多或少都不習於情感表達，無論表達的是自己的情緒或者是他人的情緒。事實上，我們當中許多人的父母都患有情感恐懼症，而我們就是由這類父母所扶養長大。

這正是我們情緒表達出現問題的原由。

根據依戀研究和嬰兒發育研究，嬰兒是從照顧者身上接收情緒的線索。嬰兒對這些線索非常敏感，如果父母對某些情緒感到不自在，且對這些情緒做出負面反應，就算再細微的反應嬰兒都會注意到。嬰兒能敏銳感知父母的情緒，並從最早的經驗中學習到父母可以接受哪些情緒、哪些不行。嬰兒能敏銳感覺出哪些情緒會讓父母不自在、哪些能讓他們高興、哪些能讓他們親近、哪些會讓他們疏遠。且誠如心理學家戴安娜・佛莎（Diana Fosha）在《感動的轉化力量》（暫譯。*The Transforming Power of Affect*）一書中所說，為了維持原始的依戀關係，我們會刻意壓抑威脅到安全感的情緒並隨之調整自身的情感功能[2]，嬰兒會不惜一切代價讓媽媽親近或者取悅爸爸，範例如下：

- 有個小孩在玩玩具，玩具滾到他伸手可及的範圍之外，令他感到沮喪又憤怒。

母親對孩子的反應感到焦慮且無動於衷，孩子感受到母親的不悅，日子一久，孩子便學會壓抑自己的憤怒。

- 有個嬰兒很興奮揮舞著手臂、踢著腿，因為心情很好而尖叫了起來，父親卻突然離開現場，希望嬰兒可以冷靜下來。孩子意識到父親對她保持距離，日子一久便學會控制自己的興奮。
- 鄰居的狗衝著一個小男孩吠叫，小男孩害怕得哭了出來，父親的反應卻是憤怒和不屑。日子一久，孩子便學會抑制脆弱的情緒，壓抑恐懼和悲傷。
- 有個小女孩興高采烈地在外面玩，然後跑進屋裡擁抱和親吻她的母親，她的母親退縮了並說：「不要老做些蠢事。」這個孩子最終學會克制自己愛和情感的表達，也學會掩飾自己對親密和放鬆的需求。
- 有個小男孩對父親的要求感到不知所措，他憤憤不平地回嘴道：「我恨你！」父親無法處理兒子對他的憤怒，在情感和身體上都退縮了，好幾天不跟兒子說話。這個孩子最終學會畏懼自己憤怒的情緒，因為他堅守自己的立場，父親的反應卻讓他感到內疚。

如果父母能透過協調和連結來修補瓦解的親子關係，換句話說，如果父母能主動溝通，上述的孤獨時刻未必會對孩子造成長期的影響。但如果孩子在成長過程中反覆經歷到這些狀況，就會導致他們刻意壓抑並否定可能引起照顧者負面回應的情緒。

我們在孩提時代壓抑不確定的情緒，目的是為了適應環境，因為此舉能幫助我們滿足對安全感的原始需求，並使我們能夠與主要照顧者保持情感連結，但要付出的代價很高——壓抑情感危及我們與生俱來的感受和表達能力，也讓我們身為情感生物的發展受到阻礙，讓情感能力受到限制，最終與情感自我隔離，也與他人隔絕。

我是一塊石頭，一座孤島*

凱倫的笑容背後是滿滿的情緒，包含深刻的痛苦、悲傷和大量的憤怒，她很盡責，學會壓抑和隱藏自己的感受，在成長過程中，她的家庭沒有表達情緒的空間。我幫凱倫治療，幫助她面對並降低恐懼，讓凱倫覺得自己又回到了小時候。她告訴了我她小時候的生活，尤其是與母親相處的時光。

凱倫母親的情緒難以捉摸，她從來不知道母親當下是什麼心情，也不知道母親什麼時候會突然心情不好。雖然母親有時心情很好，但有時也很煩躁甚至易怒，這種「陰晴不定」的性格瀰漫在整個家中，讓家裡其他人都緊張兮兮，跟母親相處時如履薄冰，還要努力別讓媽媽臉上出現凱倫所謂「媽媽突然板起臉」的表情。凱倫的父親竭盡全力安撫太太，希望她開心，但充其量也只能短暫維持她的好心情。

母親尤其喜歡對凱倫挑三揀四，經常因細故或無緣無故罵她。有一次她印象特別深刻，凱倫回想起有個下雪的冬日，她放學回家時興致勃勃，因為鄰居的女生找她出去玩，但她母親無法擺脫自己的情緒焦慮，無法接納女兒的喜悅，所以決定懲罰女兒：「如果我得待在家裡無聊，那妳也別想出去！」

長久以來，一直都沒人知道母親的秘密，直到最近，凱倫才知道母親是性侵的受害者。這起悲慘事件發生在她二十歲左右，也害得她拋棄一個孩子出讓給別人領養。她母親對這些創傷經歷絕口不提，試圖將傷害拋諸腦後，試圖消除自己承受的情感痛苦，但她顯然仍在某程度上持續感到痛苦，這也證實了，壓抑感受會毒害自己的人生，我們可以想像這種未處理的創傷會如何影響凱倫母親陰晴不定的情緒。

＊譯註：「I am a rock, I am an island」此句歌詞出自美國六〇年代偉大樂團 Simon & Garfunkel 的歌曲《I am a rock》。

凱倫應對母親古怪行徑的策略是盡力成為最乖的小孩，臉上永遠掛著微笑、永遠聽話和靠自己。她在根本上學會忽視自己的情感需求，壓抑所有可能引發她母親不安、蔑視或怒火的情緒。雖然凱倫經常因為努力取悅母親而得到獎勵，但也會因為不夠努力讓母親滿意而受到訓誡。她總有一種自己應該要表現得更好的自覺，她在種種壓力下持續受苦，一直渴望有人可以照顧、安慰和無條件擁抱自己。

就當年的狀況來說，凱倫「帶著微笑熬過去」的辦法非常合理，這是小孩應對不穩定情況的有效方式。凱倫如想熬過在家中的幼年時光，這是最好的辦法。日子一久，這種取悅他人、忽視自己感受的模式就成了她的標準反應，因此使她與自身的情緒體驗脫節，也與她最親近的人（包括她丈夫）連結斷裂。童年時讓她能與母親保持情感連結的表現，如今已變成一種負擔。我協助凱倫進一步意識自己的情緒，她開始理解自己是用什麼方式來逃避情緒，也意識到自己長期以來是如何學會抹煞情緒。事實上，她告訴我，她丈夫曾描述她是情感上的「孤島」。

過去仍在腦海之中

你可能會想，凱倫現在已經成年，她再也不必擔心母親的心情了，她可以自由主宰自己的情緒，可以做自己。這種思維某部分是事實，凱倫確實已經成年，她應該可以自由做自己，問題是，她的大腦仍用舊的程序運作，且往後還是會持續使用這種方式，除非她有能力克服恐懼，有辦法體驗全新和不同的事物來「重新串連」大腦。她必須面對並處理自己的感受。

略懂一些大腦發展和運作的方式有助於理解所有人身上的生理動態。大腦本身由多種不同區塊構成，每個區塊都有自己特定的功能，例如大腦的其中一個區塊能理解我們看見的事物，另一個區塊能評估我們是否處於危險當中，另一個區塊則負責監督運動技能的表現等等。在大腦這些不同區塊當中有數百萬個神經細胞，這些細胞透過突觸之間的小間隙傳送訊息來相互溝通，神經細胞間形成的通路構成大腦的「線路」，使大腦的不同區塊能夠和諧交流並協同運作。

我們出生時，大腦中一千億個神經元中的大多數細胞皆尚未連接到這個網路當中。

大腦成長是一個結果，當中其實是一個持續展開的過程，這個過程涉及神經連結的串連和再串連。那麼你可能想知道，是什麼決定大腦串聯的方式？我們曾認為，大腦發育有很大程度上是受基因控制，但誠如加州大學洛杉磯分校的精神病學家丹尼爾・席格爾（Daniel Siegel）在其著作《人際關係與大腦的奧秘》（二〇〇七年，洪葉文化）中所闡述，我們現在得知大腦發育與經驗有很大的關聯性[4]。

路是人走出來的

請想像自己走在樹林中，穿越森林時你很可能會選擇走上一條許多人踩出來的道路，不會想要自己走出一條新路，但這條能指引你前進的道路在過去並不存在，而是由一些堅定的人慢慢走出來的。日子久了，其他人也會追隨他的腳步，一直到現在，這條路才成為一條最好走的路，讓你在涉足之前不會有所遲疑。

這個場景能簡單說明大腦中的神經通路是如何產生。一個人最早期的經驗會在神經細胞之間先建立一條通道，同樣的經驗重複愈多次，這條通道就會變得愈堅固明確，最終深深烙印在大腦中，成為訊號傳播的自動路線。大腦需要刺激，才能以最好的方式發育和成熟，而最理想的方式是透過與他人互動和連結來獲得刺激。我們與父母或照顧者的早期關係經驗在決定大腦如何形塑、形成和串聯方面發揮了重要作用。

從情感發展的角度來思考這個過程可以得知，雖然大腦完全成熟需要二十多年時間，但生命前兩年是大腦以驚人速度發育的關鍵時期，在此期間塑造大腦的經驗很大程度上基於我們與生活中重要人物互動時所產生的情緒[5]。

在此請再次回想自己與嬰兒相處的個人經驗。嬰兒還不會說話，無法用字彙和語言來表達自身的需求和願望，一切只能透過臉部、眼睛、肢體「語言」來進行交流，或者透過觸覺、聲音、聲調和節奏等感覺而非語言來傳達。嬰兒是透過表達情緒讓周遭的人知道他們的內心狀態。人類生來就有感受和表達基本情緒的能力，之後情緒功能迅速擴大，在生命最初六個月內，嬰兒已經能夠體驗到快樂、悲傷、厭惡和憤怒；八個月時能感覺到恐懼，每長大一年，嬰兒的情感能力都會增長且變得更加複雜。到了兩、三歲時，嬰兒已能夠感到自豪、尷尬、羞愧和內疚[6]。

與父母的早期情感交流會深刻影響大腦的運作，從而影響我們如何體驗自己的情緒。如果照顧者對我們的情緒表達表現出積極的反應，即以一種協調、接納和鼓勵的方式回應，我們就能將自身的情緒與正向感覺連結起來。例如請回想我於上文提到那個小男孩的案例，他憤怒地對父親說：「我恨你！」如果他父親沒有選擇退縮，沒有好幾天不跟兒子說話，而是能夠維持與兒子的情感連結並做出回應，忍住別讓自己爆發的同時保持情感上的開放，並進一步詢問兒子生氣的原因，協助孩子找到別的方式表達情緒，這個小男孩的童年經驗將會更正向又有成效。他能學會管理並處理自己的憤怒，也能習慣用適當的方式表達情緒，並將自身的情緒與正面回應連結起來。

另一方面，如果表達情緒得到的回應讓我們感到焦慮或害怕，這些情緒在記憶中就會與危險的感覺連結在一起。例如孩子生氣說出「我恨你」時，許多父母內心會感到矛盾不安，反應可能是煩躁、憤怒或氣餒，同時也會出現鄙視、輕視或沮喪等反應。此外，父母還可能會懲罰或羞辱孩子，或者像這個案例一樣，藉由退縮的態度讓小孩感到內疚。

無論好經驗或壞經驗，童年時期重複的特定互動愈多，這些連結和相關的神經通道就會愈強化。根據我們的經驗，最終無論是信心或恐懼，所有情緒都會變成一種自然反應，烙印在大腦迴路當中，這些情感課程對一個人未來如何體驗自身、他人和這個世界都會造成重大影響。

這種深度串連的效應非常強大且持久。

凱倫的大腦

雖然凱倫的童年記憶足以讓我們理解她畏懼情緒的理由，但她恐懼的基礎可能比她記憶所及還要更早。請想像一下凱倫嬰兒時期的生活，基於對凱倫母親的瞭解，我們可以肯定假設凱倫出生時她的情緒狀態已經很低落，而養育和照顧嬰兒的壓力更將她推到了臨界點。此外，凱倫的母親也會將她自身情感上的侷限帶入育兒經驗。當凱倫像一般嬰兒那樣哭泣大鬧，她的母親可能會不知所措，反應可能是不安或者遠離，也許嬰兒讓她沮喪時她會遷怒於嬰兒，甚至會產生愧疚感。

從嬰兒的角度來看，這些反應相當可怕，這些反應會讓嬰兒有種受到譴責、拒絕的威脅感，也會引發最終極的恐懼——被母親拋棄（對嬰兒來說，被母親拋棄等同於死亡）。誠如針對早期依戀關係的研究所示，人類對安全、保護和親密的需求是一種生物本能且勝過其他所有需求，這些需求代表人類生存的核心[7]。

因此，嬰兒時期的凱倫已從根本上瞭解，擁有某些特定的情緒非常危險——**如果我難過，媽媽就會離開我；如果我不高興，媽媽就會生氣。**凱倫面對如此艱鉅的局面時該如何應對？凱倫意識到母親的負面回應，所以她為了適應狀況做出所有能夠保證自身生存的舉動；她為了生存，隨之調整自己的行為，目的是維持自己與母親的情感連結，讓母親別離開她，盡量減少兩人爭吵，避免遭母親責罵。

總之為了生存，她遏止了自己的某些情緒。

所以為何凱倫會擔心我覺得她有情緒是一件很糟的事呢？我並沒有坐在那裡評判凱倫，也沒有鄙視她，事實上我非常同情她，而且我確定自己已對她表現出同情，但凱倫仍然害怕自己做錯了什麼，仍然擔心我會認為她很糟糕。

知道她的過去後，我們很容易理解她的反應。這種恐懼是她幼年經驗最直接的結果，這些經驗讓她自覺擁有和表現出情緒會發生可怕的後果，儘管現在情況已經改變，但凱倫內心深處仍然預期會發生和之前一樣的後果。她的身體系統已經如此設定，無論何時，只要她開始感覺到某種情緒，大腦仍會發出一種危險迫在眉睫的訊號，結果讓凱倫經常感到焦慮和害怕，無論這些感覺是否合理。

害怕面對自己情緒的人也是如此，人對情緒的恐懼通常源自過去的恐懼，而非當下。儘管恐懼本身在此刻此地的感受非常強烈，但我們的反應確實是早期情緒處理程序的結果。我們仍在對此作出回應，彷彿自己仍有理由害怕，但其實在大部分情況下並非如此。

雖然現在的凱倫可以承認自己的恐懼，但她並沒有意識到自己情緒恐懼症的歷史根源，大多數人都是如此。如果想要扭轉人生，首先要清楚瞭解自己面對的問題是長期運作的家庭情感原則。這是另一個實用的步驟，能瞭解自身與情緒的關係。

內在情緒的氛圍如何？

請花點時間瞭解一下自己成長的情感環境，這也是凱倫和我一起進行的第一步驟，請思考以下問題：

家中的成員如何處理情緒？

家人是否能對情緒開誠布公？

當涉及情緒，家人在情感上的表現傾向保守還是親密？

某些情緒可以表達，但某些情緒不行嗎？

可以快樂但不能生氣或悲傷，反之亦然？
是否能公開表達憤怒？如果不行，家人是否會累積憤怒的情緒，直到憤怒達到特定門檻時情緒爆發或者勃然大怒？
能否公開表現和表達愛？
是否會掩飾悲傷？
某些成員可以有情緒，但其他人不可以？

家人如何回應情緒？

態度能保持開放，能關心對方，並以正面的方式回應你的感受嗎？
表達自己的感受時，家人是否會感到不自在或者焦慮？
可以容許某些情緒，其他卻不行？
是否會沉默以對，不願回應你的感受？
是否會轉移注意力或者棄你於不顧？

表達自己的感受時，家人是否會表現出煩躁、沮喪，甚至生氣？他們是否會認為你的情緒是在針對他們個人？

是否會以任何方式羞辱或責備你？

是否曾告訴你不須對情緒有自覺，因為情緒化是不應該的？表達自己的感受後家人是否曾生氣或對你施加懲罰？

家人的反應可以預測嗎？還是他們的情緒陰晴不定？

總體而言，你是否能放心表達自己的感受？

整體社會環境的基調取決於家庭應對情緒的態度和反應方式，能滲透所有家庭成員的**情緒氛圍**通常分為四類：

1. **陽光溫暖**。這種家庭氛圍鼓勵成員表達情感，家人的心態開放，對情感表達有反應，在這種家庭中的成員能放心體驗並表達自己的感受。

2. **冰冷冷漠**。在這種家庭中的成員通常會逃避情緒，對情緒缺乏反應，家庭氛圍苦澀拘謹，不支持成員探索情緒。

3. 風雨欲來。這種家庭的情緒氛圍通常非常惡劣，回應情感時會伴隨突如其來的消極情緒，例如批評、羞辱，甚至懲罰，情緒狀況既危險又不安全。

4. 陰晴不定。這種家庭氛圍往往大起大落，有時陽光溫暖，有時冰冷冷漠，有時風雨欲來，且通常難以預測。

有鑒於凱倫母親的性格，凱倫成長過程的情感氛圍多少屬於「風雨欲來」的範疇，沒有躲在微笑表象背後的凱倫，對自己的情緒反應基本上非常消極。

請回想自己的成長經驗，並思考以下問題：

家裡的氛圍有什麼特點？家庭成員是心態開放，對情感表達有反應（陽光溫暖）？還是拘謹疏遠（冰冷冷漠）？是消極批評（風雨欲來）？還是上述所有狀態都有，屬於難以預測（陰晴不定）？

目前家裡情緒氛圍已經變了，還是跟過去一樣？

你現在處理自身情緒的方式跟成長過程的方式相同嗎？

現在自己家裡或家人的情緒氛圍屬於哪一種？

我們的大腦是由與照顧者的情感互動塑造而成，但大腦也會受到早期社會環境的情感氛圍所影響，我們還小時會調整自己的行為，目的是適應家庭文化的普遍規範，不斷重複產生的行為模式和大腦中所建立的相應神經迴路，會隨著時間推移不斷加強。雖然成長的社會環境會隨著成長歷程發生變化，但我們確實有能力為自己創造生命，可是大腦中製定的路線圖仍然存於腦中並繼續影響自身的經驗，除非我們一起努力挑戰並加以顛覆。瞭解成長時期身處的情感環境，會發現自己更有能力辨識出那些限制情緒體驗的信念，並開始對這些信念發起挑戰。

責怪遊戲？

一旦開始誠實審視原生家庭的情感氛圍，總會讓人感到矛盾，我的客戶經常這麼說：「我不想責怪我的父母，他們已經盡力了，現在去追究他們對我有什麼好處？」對此，我的說法是，我們無意責怪任何人，重點是觀察、認識和評估自己的成長經歷，因為成長經歷無可避免會影響一個人的生命，也會影響當下的生活和感情，重點是自覺。有了自覺之後，你會更有能力控制並做出更真誠的選擇，而不是基於早年那分不健康的「合約」來過生活。當時我們年紀還太小，根本無法理解，也不想簽下這分合約。

一旦開始評估成長歷程帶來的影響，人往往會開始感受到悲傷、憤怒、沮喪或痛苦的情緒，這很正常，你可能也一樣，但這些浮現的情緒也可能是矛盾的另一原因。因為擁有這些情緒或開始承認這些情緒本身可能就違反了家庭現狀，導致你質疑並否認自己的情緒，使情緒受到侷限。所以感覺到矛盾其實是一個好兆頭，因為這表示你開始挑戰現狀、扭轉局面，開始思考以不同的方式應對，也開始擺脫那些不成文的情緒規則（此點我們將於下文討論）。

簡而言之，尊重自己的所有感受不等同於責備你的照顧者，重點是承認和尊重真實的自我，擁有這些感受是通往解答和自由之路的重要步驟。

不成文規則

無論人在何種情緒氛圍中長大，得到的情緒訊息有可能明確也有可能含蓄，無論訊息的傳達方式為何，這些訊息都很強大且可能深具破壞性。我們聽見或感受到這些訊息的頻率愈高，這些訊息就愈有可能成為指導我們情緒體驗的不成文規則。請思考下列訊息及其代表的含義：

訊息	含義
流淚時有人稱你是「愛哭鬼」。	悲傷不是好事，會招來批評。
堅持己見或生氣時得到沉默的回應。	憤怒不是好事，會遭到遺棄。
對自己感覺良好時，有人告訴你「別讓驕傲沖昏頭」。	對自己感到驕傲或對自己抱持正面看法是有害的態度。
你一哭，父母就會將目光別開或者離開現場。	人不該傷心，傷心會遭到遺棄。
有人告訴你「生氣是浪費時間」。	生氣沒有用。
當你害怕，有人會說你是「懦夫」或「娘娘腔」。	害怕不是好事，會招來批評。

這些經驗聽起來是否非常熟悉？你曾接收哪種情緒的直接和間接資訊？請花點時間思考一下自己接收到的情緒訊息，並將這些訊息和相關含義列在紙上或日誌本當中。

查看列表時也請自問下列問題：**我拒絕了哪些訊息，又在不知不覺中內化了哪些訊息？哪些訊息已經成為現在控制自己的不成文規則？**請思考一下這些規則，你希望生命中持續存在這些規則嗎？

我的家庭

在此分享我的家庭和我小時候接收到的情緒訊息，儘管我的父母有時顯得情感豐富又熱情，但在內心深處都經歷過相當多的情緒衝突和焦慮。我的母親曾經是天主教學校的好學生，她覺得自己有責任要學會如何用微笑和幽默來面對這個世界，這個想法足以讓她用表面工夫掩蓋內心醞釀的緊張和擔憂。我的父親曾任美國海軍陸戰隊上尉，他並沒有完全拋去自己的軍旅生涯，而是採取一種軍國主義的方式來養育孩子。

我記得某個星期六早上，當時的我不到四歲，母親還在睡，父親幫姐姐和我準備了早餐，我們都坐在廚房桌面旁。父親在看報，姐姐很乖在吃早餐，我沮喪地看著我的法式吐司。父親把我的吐司泡在一池楓糖漿裡，我看了胃在翻攪，手裡來回推著濕黏黏的吐司不想吃。我心裡不禁想著，他為什麼不讓我自己塗糖漿？我愈抱怨父親愈生氣，隔著桌面，我感覺到他的怒火在上升，我小心翼翼看著他，看見他臉上的怒容時開始哭了出來，而我愈哭他愈生氣，直到他終於情緒爆發並大吼：「不要哭了，像個男人可以嗎！」

像個男人？我才四歲！

我家的情緒氛圍經常處於陰晴不定的狀態，但此時無疑是個風雨欲來的時刻，此時傳達的訊息非常明確——害怕的情緒不但不好也很可恥。隨著時間推移，我學到的課題不斷重複且強化——我必須否定自己的需求、不能聽從自己的心聲、不能尊重自己的感受、人不該有自己的喜好，否則無可避免會導致否定、危險和破壞的結果。怪不得我最終對擁有情緒這件事感到如此矛盾。

升級大腦的串連方式

在此有個好消息：雖然早年的經歷形塑了我們，但我們不必成為過去的囚徒。即便大腦的串聯狀態讓我們以特定方式做出反應，大腦仍然可以改變和成長[8]。沒錯，大腦的串連方式確實可以改變，雖然無法徹底抹去過去的情緒處理程序，但可以創造出能覆蓋既存路徑的新路徑[9]。換句話說，可以「升級大腦的串連方式」，讓情緒不再受恐懼糾纏。

該如何做到？建立大腦早期的串連路線時，經驗在當中發揮了重要作用，如今經驗在程度上仍然具有創造新神經迴路的能力，關鍵是必須對情緒產生新的體驗，據此，就能更充分與情緒共處，最終讓經驗擺脫恐懼。

像所有恐懼症一樣，愈是逃避，面對和克服恐懼的機率就愈低。面對情緒恐懼症時，如果一直逃避情緒，就永遠不會知道與情緒共處有什麼好處；永遠看不出其實真的毋須害怕自己的情緒，否則會繼續走上那條走投無路的老路。為了改變，我們須要一起努力朝著不同的方向前進，須要找到辦法面對並減少自身的恐懼，開始以一種全新、正面的方式體驗自己的感受。

愈朝著這個新方向前進，就愈能體驗並管理自己的情緒，恐懼也愈容易消散，很快就能在不感到焦慮的情況下與情緒共處，並分享感受。這種行為其實是在重新串連大腦！是在打破恐懼和情緒間的舊連結並開闢新的路徑，讓擁有和表達感受成為一種正面體驗。正如羅伯特・佛洛斯特（Robert Frost）所寫：「樹林中有兩條岔路，而我……我卻選擇踏上那條人跡罕至的道路，此舉改變了一切[10]。」

我完全懂嘗試新事物有多艱難，也懂懷抱焦慮沿著未知道路前進有多困難，當我終於開始留給情緒一點空間，我幾乎被恐懼凍結，就像一隻驚弓之鳥，深深害怕未知的後果。但有一個辦法可以讓我們面對恐懼時不再那麼害怕，祕訣是想辦法降低自己的焦慮，直到可以深入情緒並與情緒保持連結的程度。不必一下子跳進情緒裡，循序漸進就好。

石頭感覺不到痛苦；孤島從不哭泣

凱倫和我一起進行治療，我們充分理解她一直默默遵循不成文的情感規則，也瞭解她長期逃避情緒的方式之後，就開始著手處理並克服她的情緒恐懼症。隨著凱倫減輕焦慮，她開始找到力量對自己的情緒敞開心房，發掘埋在內心深處長期未處理的悲傷和憤怒，並開始讓傷痛癒合。凱倫的痛苦很快轉變為對自我的全新認識，她很同情自己的內在小孩竟然承受了此等痛苦，之後，成熟的自我才開始浮現。

凱倫經歷一次過程非常震撼的對談之後，決定冒險和丈夫談談她在治療過程中發現的真相，並與他分享感受。她在談話中努力保持冷靜，但不久後便感到悲傷和痛苦湧上心頭。不過這一次，她並沒有像過去那樣抵抗情緒和遠離情緒，而是盡情宣洩情感。她在丈夫面前直接哭了出來，說不清自己發生了什麼事，但顯然內心深處有什麼情緒被攪動了。

奇妙的事情發生了，她的丈夫靠近她，抱著她，安慰她，告訴她他想陪在她身邊，想瞭解她，想陪著她，他告訴她：「我寧可妳哭，也不願妳像一座孤島。」

章節要點

- 我們從與照顧者的早期經歷中學習到可以表達和不能表達哪些情緒，並據此調整自身的情緒功能。
- 與照顧者的交流和互動塑造了我們的大腦。
- 與他人坦誠感受的正面經驗愈多，處理這些感受的能力就愈好。
- 早期的情緒課程會烙印在人的大腦迴路當中，並深刻影響我們感受自身、他人和這個世界的方式。

- 大腦也會受到早期社會環境的情感氛圍影響，人會調整自己的行為來適應家庭文化的普遍規範。
- 發掘內心裡那些引導情緒體驗的不成文規則，才有更好的條件來挑戰和擺脫這些規則。
- 大腦持續擁有可塑性，能接受成長和變化，新的體驗能讓我們確實改變大腦的串連方式。
- 以正面健康的方式與情緒共存可以重新串連大腦，最終不再那麼害怕體驗情緒。

第二部分

採取行動

Chapter 3

第一步驟：培養自覺

別忘了，小小情緒是生命中的偉大領導，讓我們無所覺察卻心悅誠服。

——文森・梵谷（Vincent van Gogh）

馬克低頭凝視了鋼琴鍵一會兒，他能感覺到心臟在劇烈跳動，額頭也冒出了汗，他在鋼琴凳上穩住自己，深吸一口氣。

馬克到當地大學的音樂治療課程上試彈，這是他唯一申請的一所學校，這對他而言可能是個充滿希望的時刻，但他現在卻感到後悔，或是覺得尷尬？可能是後者吧，因為他有預感自己要出醜了，但他不確定自己真實的感受是什麼。他沮喪地問自己：「為什麼沒有多加練習？」

好問題。他試彈前幾週似乎老想找別的事情做，一下做這個，一下做那個，一邊打電動一邊在講電話一、兩個小時，偶爾坐在鋼琴前練習一下，遇到挑戰時就突然退縮，變得滿不在乎，覺得要記住一段古典音樂有點荒謬。

他並不是沒把試彈放在心上，他可以感覺到在意識外圍的某處有時鐘在滴答作響，聚焦在這件事上會讓他感到緊張，抑或是興奮？他也弄不清楚。

其他人也弄不清楚他的態度，事實上，在某些人看來，他似乎並不在乎。每當有人問他進展如何，他要不是惶惶不安、顧左右而言他，就是說事情進行得「還好」。

如果馬克能讓自己放慢腳步，和自己的感受共處一、兩分鐘，他其實可能會看清自己真心想做的事。他從小就喜歡創作音樂，尤其是家人聚在一起彈鋼琴唱歌的時候。他從很小的時候就開始上鋼琴課，很快就能帶領家人一起集體演唱，也會在學校音樂會和教堂禮拜時演奏。憑藉他的音樂能力和極富同情心的個性，音樂治療領域似乎非常適合他。是嗎？他自己也不確定。嗯，他有時確定，有時卻心猿意馬。

也許這就是他很難做足準備參加試彈的原因。馬克心想：「**我到底在幹嘛？**」他坐直身體，在長凳上調整一下姿勢，又深呼吸一口氣，他看見評審似乎表現得愈來愈不耐煩。「**我好想知道她有沒有看見我的手在顫抖？**」他一邊想，一邊把雙手舉到琴鍵旁開始彈奏。

「**隨便啦。**」馬克在離開房間時對自己說，然後匆匆穿越大廳。「**也許我沒有那**

麼想要做這件事。」他抓起外套衝向停車場，卻似乎沒有留意到自己的眼裡擒著淚水。

無知不是幸福

馬克怎麼了？他怎麼會不知道自己真正想要什麼？他為什麼不為試彈好好準備？是什麼讓他的內心如此矛盾？

馬克的問題不在於他沒有感覺，完全相反，如果他能稍微觸及表面，就能發現自己的內心深處五味雜陳；如果他能夠花點時間和自己的情緒共處，並且利用這分情緒，他的狀態就不會如此混亂。他的內在有足夠的能量可以激勵他，也有太多資訊可以引導他。

例如也許他會發現自己其實對嘗試加入這個課程很興奮，但每當他對自己想做的事情感到興奮就會開始焦慮，然後刻意分散自己的注意力。如果他能夠抽離興奮感，學會忍受恐懼，也許前進就不會那麼可怕。也許他會感覺自己可以自由追尋夢想，也許他能利用興奮感激勵自己去嘗試一下，看看自己能達到什麼程度。

但這是本末倒置，此時的主要問題是，馬克甚至無法意識到自己有感覺，他無法辨識也沒留意過這些跡象，他從未好好停下腳步來留意自己的情緒，也無法讓情緒引領他發掘自己在情感層面上的狀態。

馬克與自己的感覺脫節，這乍看似是極端的案例，但其實他的行為方式相當常見。我們很容易渾渾噩噩過生活，沒有覺察到自己其實有感覺的跡象。我們終日走路、慢跑或快跑，卻對內心發生的事情知之甚少。我們沉浸在自己的思想中，質疑自己，迷失在憂慮和矛盾的迷霧之中，卻遺忘了內心的反應。我們如此執迷於過去或未來卻根本沒有注意到當下發生了什麼事。一旦意識到自己可能有某些感覺，一旦感覺到一絲痛苦，我們就會回頭拿出逃避策略。

是時候做出改變了。如果我們真心想要達到好或更好的狀態，就要睜開眼睛去意識內在的感受。我們須要踩個剎車，放慢速度，關注自己的內在經驗。簡而言之，我們須要培養所謂的**情緒正念**。

情緒正念

正念並不算新的概念，已經存在了好幾十年，根源可以追溯到東西方精神傳統中的沉思做法，近年來，不僅在行為醫學領域蔚為風行，在一般民眾之間也很流行。

我們之所以受正念概念吸引，可能是因為對生活品質日益不滿。當代多工文化、高科技干擾和日益增長的生活需求造成的麻木效應逐漸逼近，這都是盲目生活無可避免的後果，讓許多人亟欲找到方法讓生活恢復活力。此外也有充分的科學證據顯示，正念可改善我們的生理、心理和社會福祉，這也進一步促進了正念的普及[1]。

究竟何謂正念？喬・卡巴金（Jon Kabat-Zinn）是將正念引進現代醫學主流的領導者，也是麻薩諸塞大學醫學中心正念減壓計畫的創辦人，他對正念的定義是：「在當下刻意以特定方式關注自己的內在，且不加以評判[2]。」我們總是用腦袋分析自我，總是自我批判，腦海中不間斷的評論和雜訊使我們疏遠了自己的情緒體驗，而正念技巧當中不評判的角度解放了我們。刻意關注自己內在這個概念表示我們要努力別陷入習慣性的反應方式，而是要保持清晰和專注。正念鼓勵我們放下對過去的專注和對未來的夢想，真正讓自己全面擁抱當下，展開經驗並對經驗好奇，不進行思考而是留意和觀察。正念在本質上是開放的，強調專注於此時此地的體驗。正念練習旨在提升全神貫注於當下的能力，即完全的清醒與自覺。

情緒正念正如字面上所暗示，是將正念的基本原則套用於情緒體驗，簡而言之，是刻意關切生理上感受到的情緒體驗，例如注意自己何時升起一股情緒，並留意是什麼情緒。留意自己在何時何地感覺侷限、能量在何處停止與流動。留意自己的臉部何時發熱、胸部何時疼痛或擴張、何時改變呼吸、手臂發麻、雙腿顫抖。留意自己對經驗的反應，留意一切反應，看看會發生什麼現象。情緒正念的目的是幫助我們更有自覺意識，最終更全面與情緒共處。

這該怎麼做到？首先要放慢步調往內在探索，然後留意自己的狀態，我將於本章後文中探討實際過程和核心情緒，以及情緒表現在身體上的常見方式。但目前第一步驟只須接受事實，即意識到情緒的關鍵根植於身體經驗，而不是在頭腦上。情緒正念聽起來很簡單，在某種程度上確實如此。但正念技巧須要練習，練習未必繁重或者感覺起來像做功課，不必每天都騰出大量時間來實踐，正念可以隨時隨地進行，只須停下腳步探查自己的內心。

情緒正念的首要障礙之一與我所謂的「留給情緒一些空間」有關，清除雜訊就可以看出內心的狀態。若是內在有太多情緒，例如同時產生出兩、三、五種情緒，就不可能釐清內心到底發生了什麼事。因此我們須要放慢步調，留給情緒一些空間，一件一件釐清——即關注我們的身體感覺。

你可能很好奇為什麼我要如此強調身體。雖然情緒源於大腦，但我們一開始是在身體層面上體驗情緒，這就是為什麼稱之為「感覺」。透過能量、知覺和身體反應，人才能意識到自己的感覺，也才能**感受**到自己的情緒。有時情緒會用迅速又強烈的方式襲來，讓我們無法否認情緒的存在，但在其他時候，情緒的表現可能非常模糊。如果你患有情緒恐懼症，當情緒被焦慮所掩蓋，可能會讓你難以察覺情緒，但我們感受到的不安其實可以成為實用的工具，表示自己離情緒並不遠。有意識地關注身體知覺能增加我們對情緒的自覺意識，讓我們接受新的資訊並更接近核心的情緒體驗。

只是有時會這樣

馬克與我約診的時間已經過了五分鐘，我開始疑惑他人在哪裡，然後我聽到他的聲音從大廳傳來。嗯……其實我聽見的是他講電話的聲音，他正走近候診室，愈接近聲音愈大。

「好、好、好吧，聽起來不錯，聽著，我得掛了，我有約診。」說著，他衝進門，匆匆走進我的辦公室。「對不起，我遲到了，我過來的路上遇到一些交通問題，開進停車場時又接到一通電話，我可能不該接電話，但電話是我哥打來的，我諮商完要跟他見面。」他把外套和背包扔到沙發上時長長嘆了一口氣，然後在我對面坐下。

馬克在這次診療前幾週第一次跟我見面，距離他參加音樂治療課程的試彈大約過了一年，他告訴我，他的生活一團糟，希望我能幫助他釐清自己想要什麼，並幫他找出一些方向。我一下就看出馬克與自己的情緒生活脫節，也辨識出他患有情緒恐懼症，於是我努力幫助他更加瞭解自己的感受。

他冷靜下來後開始聊他哥哥，他描述中的哥哥與他完全不同，「是個運動迷，個性好勝又傳統」。

「跟他相處的感覺如何？」我問。

他翹起腳，開始焦躁地上下抖腳。「嗯……我想感覺還好吧，我的意思是，我們只不過是去喝杯咖啡。」他聳聳肩回答。他的身體似乎傳達出了某些不同的情緒，不但緊繃起來，還移開了視線。

「跟他相處感覺還好嗎？」我沒有被他說服，於是再度問他。

他把視線移回看著我說：「嗯……大部分時候還好。」

「嗯……但你看起來不太好，你的腳怎麼了？」我問道，希望能協助馬克更加意識到他自己的情緒體驗。

他看著自己的腳，發現自己抖腳，所以他不再翹腳，而是將雙腳擺在地板上。「喔，只是有時會這樣。」他不自在地說，然後又看向窗外。「我有很多事要做，我覺得壓力很大，我一直在想應該回去健身房運動，運動總會有所幫助，但後來我又想要到什麼時候才能適應？我的意思是，我可能應該在上班前去運動，但是……」

我看出馬克正沉浸在思緒當中，卻忽略了一些實用的資訊，所以我打斷他的話，想讓他重新專注在自己的身體上。「嗯，這或許與壓力有關，但是當我問你和哥哥相處的感覺如何，你卻開始抖腳，你有注意到嗎？也許在此時此刻，你的身體正在告訴你一些訊息，你為什麼不花點時間留意這個動作蘊含的情緒？給自己一點空間，看看會在內心裡發現什麼。」

他坐了一會兒，似乎想審視自己的內在，我好奇他可能會觸及什麼情緒，片刻之後他嘆口氣說：「我想，我不是很想跟他見面。」他轉頭看著我，我可以看出他的痛苦。

左轉還是右轉？我該走哪條路？

馬克開始留意身體上的訊息，也更加意識到自己的情緒體驗，然後走向更高的自我意識。顯然，他很難正視自己對哥哥的感受，這個感受也讓他很不自在。沒有人知道過程中會發掘什麼情緒，但至少現在我們正朝著正確的方向邁進，朝向他的感受邁進，而不是拒而遠之。

馬克像許多人一樣落入過度思考的陷阱，很容易執著於憂慮或擔憂，習於從各種可能的角度來檢視眼前的困境，然後在腦海中一遍又一遍思索。這是很常見的習慣，我們太習於專注在思考上，不願意花時間面對感受，因此要平息腦海中的雜訊，然後將注意力轉移到情緒體驗上，可能是相當大的挑戰。其實我們愈是迷失在思想裡，與情緒的連結就愈遠。

再來談談大腦吧，但在這之前，我得先做一個輕微的免責聲明。

探討大腦時我們總會概括哪一側負責什麼功能，但其實大腦並沒有那麼非黑即白。大腦中有很多重疊，大腦兩側會協同工作，針對許多不同的功能做出重要貢獻。

現在我有資格準確告訴讀者，大腦的不同側確實具備不同的優勢，例如左腦的「語言」側是邏輯、語言和線性處理的樞紐，這一側對身體狀態和反應不太敏感，因此傾向運用推理和分析來理解經驗；右腦則特別適應感覺、聲音和圖像，即情緒的非語言性語言，因此能夠巧妙讀取情緒的體驗。

根據這種神經學設計的結果，如果想更充分瞭解自己的情緒，就需要右腦的奧援，若是交給左腦，可能會陷入困境。當我們專注於源自左腦的思緒，可能會陷入思考，而與身體感覺、視覺圖像和身體上的反應脫鉤（例如肌肉、胃、腸、心肺的變化），而這是情緒體驗的一部分。思考讓我們更難與情緒連結，這並不是說思考是件壞事，但如果想意識到自己的情緒體驗，思考就可能變成障礙。如果想更加瞭解自己的情緒，就須要讓左腦安靜下來，讓右腦得到一些空間。

我們當然不可能像開開關一樣開啟或關閉大腦的某一側，但可以選擇自己要留意哪個部分。我們可以將注意力從思考上移開，留下內在空間來調整、觀察和傾聽身體的感覺。簡而言之，此時的主要目標不是思考而是留心注意，這種方法即是正念的核心。

由下而上 v.s 由上而下

另一個有助於培養情緒正念的方式是「由下而上」[3]，請以下列方式視覺化這個概念：思維發生在腦中（上），感覺發生在身體層面（下）。對大多數人來說，意識通常是由上而下，先思考事情再釐清感受，這個方式會導致什麼結果？讓感覺卡在腦裡與內在脫節。更符合情緒正念的方式是由下而上，先處理身體層次上的情緒體驗層面，再轉移到思考層面。簡而言之，先感受，再思考。

請嘗試以下方式：放大檢視自己的情緒體驗，留意身體上的感覺和身體的反應及需求。請審視自己的身體，發掘自己的感受，留意並傾聽脖子、胸部、手臂、腿和其他身體部位的所有感覺，瞭解這些部位試圖傳達些什麼。留給情緒體驗一些空間，看看感覺會將你帶往何方，之後再反思經驗，即探索經驗的意義、源頭還有方向。思考時請讓經驗自行產生意義，讓意義系統性浮現。

太多選擇

我從來沒有真心喜歡過我家客廳的顏色，我想要金色和溫暖的顏色，但經過深思熟慮，我最終選擇了黃色——金絲雀黃。我以為我會習慣這個顏色，但並沒有，我就是不喜歡，不是不喜歡亮色系，而是家裡的牆壁顏色我絕對比較喜歡大地色系，我再也無法忍受住在迪士尼樂園裡。重新粉刷只是時間問題，於是我前往當地的油漆店尋找完美的顏色。

「這一次我一定會挑對顏色！」我邊想邊把車開進停車場。但我的信心很短暫，越過前門後，面前是兩堵巨大的色彩樣品牆，有數百種色樣，每種顏色都有五、六、七種不同色調的相似色。我確定過多的選擇性會讓某些創意人士非常興奮，但我不是其中一人，這讓我開始恐慌。我六神無主癱在椅子上，腦裡想著：**「我到底該怎麼選？」**

幸運的是，我發現旁邊桌面上擺著一堆小冊子，我拿起那堆冊子的第一本——《室內設計靈感》。打開後，我發現一系列非常美的油漆色，至多不超過十二種顏色。**這才對嘛**，一股平靜的感覺席捲而來。

人有時難免會面臨太多選擇。

回歸基本面

我第一次請諮商者告訴我他們的感受時，他們總是很為難。不是沒有感覺（即便他們經常「有」這種感覺），他們只是不知道該怎麼描述。

其中一個問題是難以選擇。他們覺得自己有無數種情緒，就像我在油漆店的感覺一樣，不知道要從何開始。但這是一個陷阱，其實沒有那麼多選擇，儘管不同的感覺似乎跟兩堵油漆樣品牆面上的顏色一樣龐雜，但其實只不過是某些情緒的變化和混合。

儘管諸多理論家對哪些情緒應該列入清單意見各異，但總體而言，人類的情緒光譜實際上是八種主要情緒的相關和組合，在此列舉如下：

- 憤怒：生氣、煩惱、沮喪、惱怒、不悅、怨恨、盛怒。
- 悲傷：失望、沮喪、孤獨、受傷、絕望、悲痛、悲痛、沮喪。
- 幸福：知足、滿足、好笑、享受、熱情、興奮、自豪、欣喜、喜悅、得意、愉快。

- 愛：友善、關懷、親情、溫柔、同情、渴望、激情。
- 恐懼：擔心、緊張、擔憂、警惕、焦慮、痛苦、驚駭、懼怕、恐慌、驚恐。
- 內疚—羞愧：尷尬、後悔、自責、丟臉、屈辱。
- 驚訝：驚喜、驚愕、敬畏、驚奇、震驚。
- 厭惡：輕蔑、不屑、反感、厭倦、嫌惡。

這八種基本情緒當中的每一種都是一系列情緒的簡略表達方法，查看此列表時，你可能已經注意到，每一組中的各種情緒都可視為漸次加強。例如憤怒的情緒可能一開始是煩躁或生氣，但如果繼續受到威脅或阻撓，可能會發展到盛怒的地步。兩種情況下的情緒核心都是憤怒，但盛怒是比生氣更強烈的憤怒。同樣，當論及悲傷，如果只是經歷輕微的損失，例如樂透沒中，我們可能會感到失望（取決於頭獎金額多少），但親人去世這種更嚴重的失去會讓我們感到悲痛。此外，每個類別下都會有類似的感受，只是程度多寡的問題。

你可以在辨識情緒時運用這些基本情緒來簡化這項任務，雖然此時可能會想要有較廣泛的選擇，但太多選擇其實會使辨識的過程更加混亂，尤其當情緒很模糊。情緒很強烈時確認自己正在歷經的情緒並不困難，但是當情緒隱默、混亂或晦而不宣，通常會跟憤怒的感覺糾纏不清，此時就很難分辨了。當選擇性很少，沒有數百種選擇，辨識的過程就會變得容易許多。此外，基本情緒其實已經涵蓋大部分的必要基礎，現下只需要這些基本情緒就很足夠了。

事實上，為了因應當下的需求，我們可能會鎖定前六種基本情緒，因為一般來說，大多數人對驚訝或厭惡不會有太大的障礙，這兩種情緒通常不會引發大量焦慮。但這並不表示用來克服情緒恐懼症的各項策略不能應用在每種情緒上，絕對可以，因為這個過程的適用性非常廣泛。恐懼可以與任何情緒連結，但帶來最大問題的似乎是下列六種情緒：

憤怒　悲傷　幸福

愛　恐懼　內疚—羞愧

這六種情緒看似是有限的情緒範圍，但你一定能在後文中看出基本情緒能覆蓋多大的範疇。

內疚和羞愧不是一樣嗎？

雖然內疚和羞愧屬於同類情緒，但在根本上並不相同。一般來說，羞愧偏向對自己的感覺，是對人不對事；內疚則偏向於自己做的事情，是對事不對人。對自己感到羞愧，而做了不該做的事情則會感到內疚，此即「我是個壞人」（羞愧）和「我做了壞事」（內疚）之間的區別。正是出於這個原因，我讓這兩種情緒個別成立，但把內疚—羞愧歸為同一類情緒。我不想忽視或模糊化兩者間的區別。

你可能想知道為什麼恐懼會出現在列表中，恐懼不正是我們想要克服的情緒嗎？是的，如果恐懼沒有正當理由，確實須要克服，但有時害怕是一種適應性反應，例如處於真正的危險之中時，人本就該感到害怕。恐懼能提示人類做出必要反應來確保自身安全，但在情緒恐懼症的案例中，人恐懼的對象也可能是某種情緒。我們可能自覺軟弱、懦弱、愚蠢或者缺乏男子氣概，所以才會與這種情緒對抗，才會企圖強行壓抑自己並試圖讓情緒消失。這種反應讓我們無法學習如何處理並利用恐懼。

這些情緒到底是什麼？

想不太起來基本情緒是哪些嗎？以下是記住這些情緒的簡單方法，可以想成是生氣、悲傷、高興、愛、害怕、慚愧或內疚，其實只要清楚自己當下的情緒，想怎樣稱呼都可以。請記住，這些稱呼只是用來略稱不同種類的情緒罷了。

嘗試不同的方式

馬克告訴我，他小時候總是仰望哥哥，總試圖引起他的注意。哥哥比馬克大五歲，平時沉醉於自己的生活，像是運動、和朋友出去玩、約會，幾乎不太會注意到馬克。他們長大後，馬克的哥哥似乎很努力想與馬克建立連結，時不時會找他聚會，但對馬克來說，兩人之間的互動很尷尬也很緊繃。

我可以看出馬克說話時眼裡的悲傷，我滿懷同情地對他說：「你看起來很傷心。」

「嗯，我想是吧，可能吧，我不知道。」他不自在地說，一邊在椅子上變換姿勢，試圖表現得滿不在乎。

「馬克，你眼裡含著淚水，當中似乎有什麼內情，你現在心裡有什麼感覺？」我問，希望他能忠於自己的感覺。

他的注意力又回到思緒上。「我覺得我哥就是不瞭解我，不管我做什麼，在他眼裡似乎都不夠好。每次我們見面，我最後感覺都會很差，需要一、兩天時間才能擺脫這種感覺。我的意思是，我為何要這麼在意？他這個人就是這樣，不會改變。為什麼我就是不能接受我們兩個是不一樣的人，然後繼續過日子呢？」

我看得出來，這一連串發問不會有任何結果，他太偏重左腦（主管思考），因此幾乎聽不見右腦（主管情緒）的聲音，我對他說：「我有個推論，當你內心存在一些未被正視的感受，就很難繼續過日子。所以如果你願意，我們嘗試別種方式吧。」我的評論讓馬克停頓一下。

他點點頭，我認為他願意敞開心房，就是最好的回應。

「與其質疑自己，不如試試看擱置思考，看看自己能不能注意到身體上的訊息與感覺。」

他一動也不動地坐了一會兒，接著眼神垂落，微微向前低下頭，沉默了片刻後抬頭看著我說：「嗯……我的喉嚨後部有種奇怪的感覺，某種程度上算是有點酸痛。」

「好，你還注意到什麼？」我想，**答案呼之欲出**。

馬克停頓了片刻，確認一下自己的感覺，然後說：「我不知道，我感覺胸口有股疼痛。」

「如果鎖定那個感覺，你覺得如何？」我問。

「我不喜歡這種感覺，這感覺讓我很緊張，我想好好過日子。但如果我選擇對自己誠實，選擇跟你說實話，我是比想像中更難過。」

關注情緒

馬克開始關注身體，進一步意識到自己的情緒。他正在培養情緒正念，遠離理智思考並為自己的內心留出空間。他開始留意到悲傷情緒展現在身體上的跡象（例如喉嚨痛、胸口痛），還有接近情緒時產生的焦慮。

每個人的感受都略有不同，我的悲傷經驗也可能與你不同。某些特定的感覺和身體反應通常伴隨某種情緒，例如馬克注意到喉嚨後部的痛感，這在悲傷的經驗中相當普遍，我敢肯定這就是「喉嚨哽咽」和「如鯁在喉」這些形容詞的根源。無論你的情緒體驗是獨一無二還是與他人相似，身體上的感覺都沒有對錯之分，是怎樣就怎樣。

在瞭解人類普遍性的情緒體驗之前，請花點時間檢視自己現在對於情緒還有情緒在身體上的表現，有何等程度的自覺。

自覺練習

請找個安靜不受干擾的地方，在那裡，你可以自由傾聽內心的聲音，保持舒適放鬆的姿勢，讓自己與體內的能量充分接觸。一般來說，背部挺直，坐直，背後有支撐，雙腳放在地板上是最好的姿勢。

請檢視這邊列出的每一種情緒，並回憶生命中產生這種情緒的時刻，如果你很難回想起特定事件，或者很難想起能引起某種情緒的記憶，請試試用想像力創造出一個可能引發該情緒反應的場景。你可以想像這件事發生在自己或他人身上，哪種方式有效就選哪一種，我會再提供一些例子來協助你引導記憶，但請別侷限自我。

無論你選擇任何時刻，都要盡可能詳細重現過程，讓場景自然上演，讓自己的情緒湧現。沉浸在體驗中時，請密切注意身體上的反應，包括頭部、臉、脖子、肩膀、背部、胸部、手臂、胃、腿部，全身都要，並記下你觀察到的身體感覺。

如果你很難連結到任何感覺，請別擔心，這就是閱讀本書的目的！無論身體上浮現什麼感覺，唯一要做的事就是觀察。請保持開放的心態，放下所有評判，如果沒有注意到任何感覺，那也沒關係，這個練習的目的只是為瞭瞭解當下的狀態。

1. **憤怒**。請回想人生當中的憤怒時刻，你是否曾經感覺委屈、覺得權利受到侵犯、自己或所愛之人受到不公平的對待？請想像自己目睹某種侵犯行為，或者受到某種阻撓而無法實現目標，是否能注意到身體上有什麼反應？是否意識到什麼樣的身體感覺？

2. **悲傷**。請回想自己經歷過的失去，也許是親人的去世、一段關係的結束、親近之人讓你失望，或者也可以想像所愛的人受苦、不得不放下心愛的寵物，或者是搬家前被迫與好朋友道別。你留意到身體上有什麼反應？

3. **快樂**。請回想生命中開心的時刻，也許是比賽獲勝、完成一個出色的計畫、度過一個美好的假期，或者也可以想像和好朋友一起度過愉快的時光。對弱勢的愛心之舉，或者只是聽見孩子的笑聲。你的身體有什麼反應？你注意到什麼感覺？

4. **愛**。請回想你與所愛之人共享的溫柔時刻，當有人為你挺身而出、對生命中的某個人感覺到特別強烈的愛意，請想像一下自己在愛的人面前，深情地看著對方，溫暖地與對方擁抱。你覺得身體有什麼感覺？

5. **恐懼**。請回想看看自己是否曾經處於危險之中卻無能為力，或者請想像自己獨自走在一條黑暗荒涼的街道上，身後有人跟蹤。想像自己站在一棟非常高的建築物頂樓俯瞰建物邊緣，或者所有對你而言非常可怕的情況。停留在那一刻時，身體上有什麼反應？

6. **內疚—羞愧**。請想像自己違背承諾，或者因自己的行為造成他人的痛苦或悲傷。請想像自己明知會傷害、背叛所愛之人或者違反嚴格道德準則，卻還是這麼做了。請想像自己經歷過最尷尬的經驗，或者想像自己被某人羞辱或嘲笑。當你回想或想像這些時刻，會體驗到哪種身體上的感覺？

好了，你已完成此練習，請檢視下列六種情緒常見的身體表現，並將自己的結果與之比對：

悲傷

- 眼皮愈來愈重
- 眼睛開始濕潤或流淚
- 喉嚨後部感覺有點痛
- 胸部有疼痛或沉重感
- 肩膀下垂
- 失去能量，渾身感到沉重又遲緩，須要跟自己獨處

憤怒

- 緊咬下巴
- 心跳加速
- 身體發熱

・臉紅熱燙
・一種壓力感在內心高築，伴隨一股向前出擊或攻擊的衝動（對象是引發怒火的人事物）
・感覺充滿力量又強壯

恐懼

・雙手發冷
・呼吸深化、加速，或者屏住呼吸
・出汗
・手臂或雙腿顫抖
・胃部緊繃感
・渾身顫抖的感覺
・流向腿部的血流增加，伴隨後退、逃跑或奔跑的衝動（目的是讓自己擺脫傷害）

快樂

- 微笑
- 眼睛睜大
- 胸口有種膨脹感
- 全身有輕盈或輕鬆感
- 內心有股溫暖的感覺
- 能量增強
- 熱忱和躍躍欲試的感覺

愛

- 一股擴張感，彷彿內心在膨脹
- 內心激起一股暖流，彷彿要融化
- 起雞皮疙瘩或者心裡癢癢的
- 對對方產生一股溫柔的感覺

・滿懷柔情，想要進一步擁抱
・感到平靜和滿足

內疚—羞愧

・想要移開視線
・可能會低頭
・有股想要抽身、疏遠或掩飾的衝動
・全身有沉重感
・能量下降
・內心有一種噁心感（尤其是羞愧）

你也許體驗過幾次這樣的感覺，也許更多次，也許你也注意到某些獨特的情緒不在列表當中，非常好！你已開始意識到個人的情緒體驗，同時也在發展情緒正念。

請記住，情緒正念是一種技能，跟所有技能一樣，可以透過學習和培養，也很須要練習。

以下是你的任務：傾聽自己的意願，在任何時刻停下腳步問問自己：「**我有什麼感覺？**」然後關注當下的內心狀態，不是理應的狀態，不是期望的狀態，而是**正在發生的狀態**。有意識地把注意力集中在情緒體驗上，當思緒開始飄離或者思考開始占據主導地位，提醒自己將注意力帶回身體上，然後持續維持注意力。重複留意並觀察，每次把注意力帶回身體感覺的同時也是在培養一個新的習慣，目的是訓練自己的自覺，同時關心自身的情緒體驗。

以開放、接納和不評判的角度來處理情緒正念很重要，情緒的世界裡沒有對錯之分，你的任務是保持自覺、活在當下並保持專注。

*

隨著馬克開始練習情緒正念，他對情緒體驗的自覺也在增長，可想而知，他內心的情緒比認知上意識到的程度要高上許多，但努力向情緒敞開心房的同時，他也開始發掘自己逃避情緒的諸多方式，這也是下一章中另一個關注的重點——防禦機制。

章節要點

- 不自覺的情緒會對經驗和行為產生負面影響。
- 只要透過練習，就能以更有自覺的方式意識到自己的情緒。
- 感覺意指身體上的感覺。
- 思考會讓人遠離自身的感受。
- 有意識地關注身體感覺，能讓人更接近情緒。
- 八種基本情緒是所有情緒的基礎。
- 如何體驗情緒無所謂對錯，是怎樣就怎樣。

Chapter 4

繼續第一步驟：意識自己的防禦機制

我們在身邊築起高牆來阻擋悲傷，同時也阻擋了快樂。

——吉姆．羅恩（Jim Rohn）

茱莉離開老闆的辦公室時快要失控，她匆匆跑下大廳回到自己的辦公隔間裡躲起來，希望急奔而過時沒有人注意到她，她想獨處一下，想坐下來理解剛剛發生的事，想捏捏自己確定沒有在做夢。她滑進辦公椅中，感覺到自己的心跳加速、胃部翻攪，她努力穩住並放慢呼吸。

「呼吸，慢慢呼吸啊。」她心想。

茱莉的老闆剛剛要求她轉任管理職，這讓她大吃一驚，對一個在公司上班不到一年的人來說，這是相當傑出的進步。

我一定有做對事情！

有那麼一瞬間，茱莉感覺到一絲自信、自豪、驕傲的光芒開始在她體內滋長，事實上這是她夢寐以求的工作，是她一直以來暗自夢想的工作。她從椅子上坐起，嘴角勾起一抹微笑，陽光透過窗戶照進來溫暖了她的臉。

她拿起電話迅速撥通給父母，她一定得找個人來分享這個好消息。

「爸？」她的聲音因興奮而顫抖。

「怎麼了，親愛的？怎麼了？」

「沒事，爸，其實是好消息，我打電話來是要告訴你們一個好消息。」

「什麼？什麼好消息？」

「我老闆剛剛讓我升遷！我要成為部門經理了。」

「真的？」

「對。」

「哇。」

父親沉默了片刻，彷彿消失在線路另一端，茱莉開始感到不安。

「聽起來責任非常重大。妳應付得來嗎？」她父親說。

「呃……可以……當然……嗯。」

茱莉一顆心開始往下沉，她感覺到一股熟悉的能量把她向下扯，就像一台巨大的吸塵器。過去發生過多少次這種狀況？每次和父親分享好消息，都會面對父親的質疑、顧慮和擔憂。

她內心有某處開始感到憤怒，但她還在繼續說話，試圖向父親解釋新職位的工作內容，為什麼她適合這個職位，為什麼升遷是合理的。

「好吧，親愛的，如果妳認為這是件好事，我替妳感到高興。」她的父親終於這麼說，但他的態度在茱莉聽來像是裝出來的興奮。

「謝了，爸。」接下來是更為尷尬的沉默，然後茱莉找了個藉口掛斷電話。

「**早就知道會這樣了。**」茱莉掛斷電話時心裡這麼想，她告訴自己：「**我在期待什麼？他老是這樣。**」然而在內心深處，她的怒火卻又開始升起，但在怒氣成形前，她站起來試圖擺脫憤怒，她對自己說：「**他是出於好意，我的意思是，我知道他都是為我好，他只是不懂。**」她發誓要把父親的反應拋諸腦後，繼續過自己的生活，別讓父親的想法影響到她。

茱莉在內心搜尋幾分鐘前才感受到的興奮之情，卻發現無跡可尋，好心情去哪兒了？接下來幾天，茱莉一旦對新職位感到興奮，就會同時產生焦慮，她擔心如果自己太得意忘形，就會發生不好的後果，遲早搞砸工作。一旦在內心升起對自己的正面情緒，她就會開始感到緊張、不安和內疚，覺得自己不該讓升遷的事沖昏腦袋，一想到父親的反應，她頓時開始煩躁、沮喪、憤怒，然後又開始懷疑自己，懷疑自己是否真的能勝任這個新職位，懷疑自己是不是真的不是當主管的料。

質疑、交戰、擔憂，這不是一個剛獲得升遷的人心中應該有的情緒！

這是怎麼回事？

茱莉沒有意識到自己已經成為最大的敵人，問題不是出在她父親。她沒有意識到，在這件事上，自己才是心理掙扎的主因。茱莉早已在成長過程中學會預期父親的負面反應，隨著時間推移，父親的反應已經深植她的內心，所以現在已成為她自身反應過程的一部分。在某程度上，她現在其實是用與父親相同的方式來回應自己的情緒，更糟糕的是，即便她或多或少意識得到自己的情緒，卻對如何打斷、拒絕和切斷這些情緒一無所知，她不知道自己其實在搬石頭砸自己的腳。

茱莉最初興奮、驕傲和憤怒的反應都相當合情合理，但因為這些情緒會讓她感到焦慮，所以她不惜一切代價逃避。她害怕自己興奮，害怕如果太興奮會樂極生悲。自豪讓她不安，她擔心自己會顯得傲慢或自負。她害怕自己的憤怒，也害怕表達憤怒，她害怕父親會不高興，害怕自己傷害了他的感情，害怕他無法承受。

如果沒有這些情緒的拖累，茱莉本來可以擁有好心情；如果她能夠感到自豪，她就不會這樣懷疑自己；如果她能暫時感到興奮，她就能體會到真正的快樂；如果她能讓自己感受憤怒，她就能擁有清醒的頭腦和力量告訴父親她真實的感受，然後勇往直前。

但她的反應卻是這樣？茱莉沒有意識到自己的行為，當她開始感到憤怒，她試圖解釋，直到無話可說，或者試圖合理化，幫父親找藉口——**他是出於好意，他只是不懂**。但某程度上她還在生氣。她開始興奮時卻選擇逃避，逃往腦海中盤旋的憂慮。當一股自豪開始在內心增長，她阻止自己，害怕自己表現得太高調、太不可一世。

情緒防線

當心中開始產生某些情緒，茱莉像許多人一樣在不知不覺中制定出一套策略，目的是保護自己，別讓自己感覺到痛苦，這種反應就稱為**防禦機制**。

在一些心理學思想學派中，防禦機制定義為一種無意識的過程，目的是避免不愉快的想法、感覺和慾望。就情緒恐懼症而言，任何想法、行為或反應，只要目的是為了使人們遠離情緒及其引發的焦慮，都可視為一種防禦機制或簡稱為防禦。防禦在某程度上是一種應對策略，當接近自己情緒並感覺到痛苦或想避免痛苦，就會引發防禦機制。簡而言之，防禦是人類應對恐懼的一種方式。

防禦從何而來？

在第二章時探討過，人類在嬰兒時期對照顧者應對自己情緒的方式極為敏感，對照顧者負面反應的恐懼會連結到未來的某些情緒。我們會透過忽略或逃避所有引發焦慮的情緒來相應調整自身的情緒範疇，防禦性反應即是在此時產生。為了處理困難情況、與照顧者維持情感連結，以及能在不接納情緒體驗和情感表達的環境中維持安全感，我們付出了最大努力建立防禦機制。隨著時間推移以及年齡增長，這些防禦機制會變得更加精細，並發展成面對情緒時的「預設」反應。例如應對悲傷的方式通常是消除悲傷、分散自己注意力，或者盡量減少導致悲傷的情況，同理可證，回應憤怒的方式可能是快速轉換想法或者轉移話題，藉此保護自己和他人免受這些情緒影響。

但請注意，我曾說過，這些費盡全力培養的防禦策略是自小養成的，當長大成人後，當時有用的策略對成年人來說可能已經行不通。事實上，許多防禦機制至今可能已經不合時宜，情緒氛圍已經改變，但我們卻沒有與時俱進，導致現在回應自身情緒的方式彷彿情緒仍然令人畏懼，但事實並非如此。我們仍然表現得好像須要保護自己和他人，但其實已不須要。我們與生俱來的感覺能力正在被過時的反應模式所害，讓情感上的成長也陷入死局。

難怪我們會受困其中。

話雖如此，我們還是得承認防禦機制本身並非壞事，事實上可能相當健康。因為涉及情緒時還是需要有某程度的防禦機制，否則會在不恰當的時機點恣意表現情緒。防禦機制可以協助人類調節情緒，讓人處於某些應該喜怒不形於色的情況下時更容易管理情緒（例如在工作上、在社交場合，以及與某些權威人士同場時）。

然而，當逃避成為應對情緒的標準反應，麻煩就大了。一旦人過分依賴防禦機制，從不學習如何直接並有意識地處理情緒時，也會剝奪深入接觸自我所帶來的好處，最終讓人重複不健康的行為模式，與真實感受、真實自我和生活中的人脫節，這種方式顯然並非幸福的祕訣。事實上，正如心理學家兼教師桃樂絲・科基爾・布里格斯（Dorothy Corkville Briggs）所言：「在某程度上，隱藏自己感受的同時也會與他人疏遠，隱藏自己的程度與孤獨感呈正比[1]。」

更糟糕的是，仰賴防禦機制來協助自己度過困境的期間愈長，這種行為就愈根深蒂固，最終防禦機制會自動啟動，人會以反射性的方式回應自身的情緒，就像膝躍反射一樣，根本不會意識到。缺乏意識尤其是一大問題，因為當一個人對自己的行為缺乏意識，等同被剝奪了所有選擇權或控制權，只是一遍又一遍盲目做著同樣的事，然後懷疑為什麼一切都沒有改變，好奇自己為什麼一直停滯不前，最終完全被防禦機制擺佈，無力改變自己。

請思考茱莉的經歷，她沒意識到自己憤怒時還在說話，也沒意識到憤怒仍然存在時自己卻重複漠視。當她向憤怒的情緒邁出一步，卻立即開始懷疑自己的能力，最終迷失在憂慮之中，完全失去頭緒。如果她對自己的行為有所自覺，就可以採取行動改變，可以用行動引導自己走向更健康的方向，例如她可以開始處理生氣時感受到的焦慮，學習如何容忍並利用憤怒的情緒，然後用建設性的方式回應父親。但她沒有，她沒有意識到這些防禦模式，而是陷入擔憂、懷疑和恐懼之中，一直在想為什麼自己沒辦法持續感覺興奮，為什麼似乎無法真正自豪，為什麼在開始焦慮之前沒辦法讓自己快樂一下。

底線

如果想要改善這種行為，就必須對自己阻擋情緒體驗的所有方式有所自覺，必須意識到我們為了保護自己、為了在接近情緒時不要經歷恐懼和焦慮所訂下的所有策略，必須有能力辨識自身的防禦機制。

想做到這一點，必須具備意願、好奇心和動力，必須願意用誠實開放的方式看待自身，必須對自己長期的行為感到好奇，也要有動力這麼做，如果有機會探索自己卻採取防禦的態度，進步也將受到阻礙。正如德寶法師（Bhante H. Gunaratana）在他的著作《平靜的第一堂課：觀呼吸》（二〇一二年，橡樹林）中所指出：「如果忙著拒絕某件事的存在，就無法看透一切[2]。」

提到正念，我們可以再次借助正念技巧來提高行為的自覺意識。我們必須提高自己對情緒和情緒反應的認識，練習情緒正念技巧不僅可以對情緒更加敏感，也能把逃避行為攤在陽光下檢視，如果我們願意，還能進一步處理這些問題。

簡而言之，意識自身的防禦機制即是掌握主動權，自覺意識能恢復自我的控制權，增加選擇性，讓我們有能力做出改變。在釋放情緒並與他人建立深度連結的過程中，瞭解自身的防禦機制是必不可少的步驟，對你我而言至關重要！

饒了我吧

一旦人們開始正視自己的防禦機制，開始見證自己竟在不知不覺中用這麼多方式來逃避情緒，有時會對自己產生不滿，會產生這種情緒的並不是只有你一人，因為產生下列感覺都屬正常，如感覺尷尬（怎麼會到現在才看出來？怎麼會不知道自己在做什麼）、感覺挫折（為什麼沒辦法好好掌控和處理事情？為什麼要繼續這麼做），甚至感覺羞愧（我是怎麼了）。但現在是時候好好面對現實了，我們應該好好正視問題，提醒自己防禦機制在很久以前就開始運作，那時的自己還只是個孩子，身為一個孩子，你已經盡力了，苛求自己應該用更好的方式處理並不公平，饒了自己吧！如果想克服所有可能產生的不良情緒，就必須練習體諒自己。請想像自己還是個孩子，充分利用自己成長過程當中的情感氛圍，意識到自己已經盡了最大的努力。我們應心懷感恩，至少自己現在已經對此有所覺察，已經有所選擇，自己已經成為一個有更多選擇權的成年人，有機會學習新的處理方式，事實也確實如此。

因此，此時的主要目標是提高自覺，利用自覺來辨識自己規避真實感受的方式，所以首先須要瞭瞭解防禦機制的運作方式。

事物的形狀

精神分析領域的先驅者亨利・埃茲里爾（Henry Ezriel）博士於多年前開發出一種方式來說明潛在情緒、焦慮和防禦模式之間的關係[3]，這種巧妙的概念化方式已由其他幾位理論家詳細闡述，不僅有助釐清我們理解人類行為，治療師協助諮商者克服體驗情緒經歷到的衝突過程中，也證實這個概念非常寶貴（在專業和個人層面上對我都有很大的幫助）。此外，我有許多諮商者都很喜歡學習這個簡單的圖表，因為這個圖表能幫助他們進一步瞭解自己的行為，認識自己的防禦機制並確認真實感受。這就是我現在與你分享的原因。

如圖4・1所示，三角形每個頂點都代表情緒體驗的三項組成部分之一，最下面的頂點代表情緒（F）。情緒位於三角形底非常合理，表示情感是人類的根本，情感「自

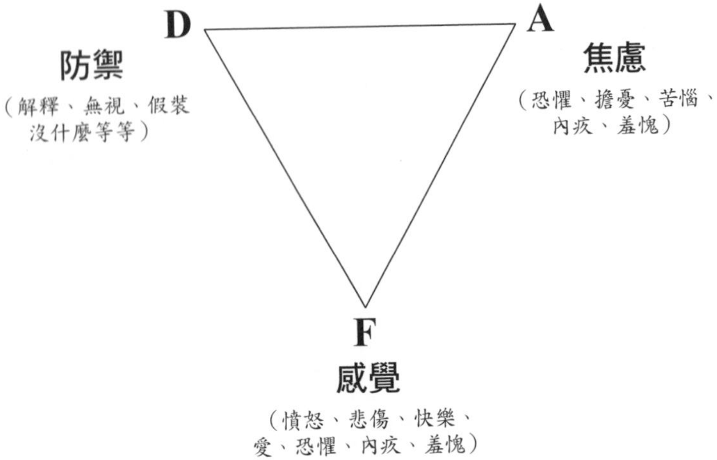

圖 4.1：情緒體驗的組成

下而上」，來自內心深處。右側的頂點代表焦慮（A），表示對自己情緒的恐懼；左側的頂點代表防禦（D），左右兩個位置位於三角形頂部，表示在現實生活中，焦慮和防禦是發生在表面，掩飾或掩蓋了潛在的真實情緒。

圖4·2則說明接近恐懼情緒的過程。在此，讓我們一步步完成這個過程。生活中發生的事件會促使人產生情緒反應，讓核心情緒（F）開始浮現。如果這種情緒讓人感到矛盾，內心就會發出警告：「危險，威爾・羅賓遜！」*同時開始感到焦慮（A），焦慮感增加會促使人尋求掩護，亦即運用防禦機制（D）。防禦機制會趕到現場發起反擊，將情緒壓抑到足以讓恐

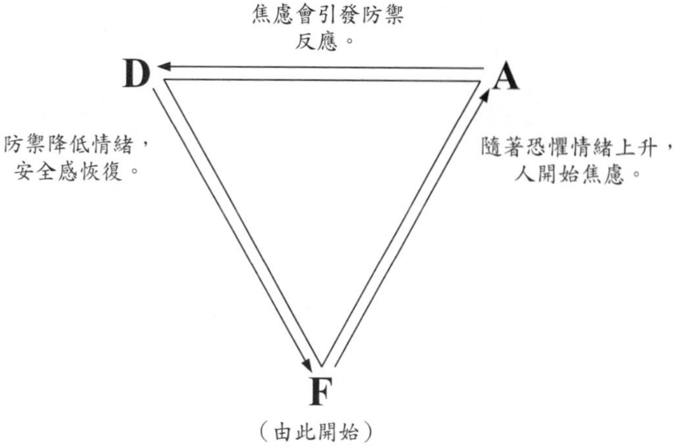
焦慮會引發防禦
反應。
D
A
防禦降低情緒，
安全感恢復。
隨著恐懼情緒上升，
人開始焦慮。
F
（由此開始）

圖 4.2：我們如何應對恐懼情緒

懼消散的程度，在那瞬間，安全感也恢復過來，等到下次引發焦慮的情緒再次出現。上述整個模式會自動重複，也許不是採用相同的防禦策略，但會採取相同的三角形流程。

在此來檢視茱莉的經驗（見圖4・3）。她與父親分享好消息時，父親非但沒有為她高興，反而給她負面反應，還語帶懷疑和疑慮。他質疑茱莉應付新職位的能力，讓她怒火上升，她的憤怒完全可以理解（F），但程度上她常在無意識之際對自己的憤怒感到矛盾，同時產生焦慮（A）。為了調節焦慮，她不停解釋（D），此舉有效壓低了憤怒。當她事後回想父親的反

＊譯註：此句台詞出自影集《太空迷航》。

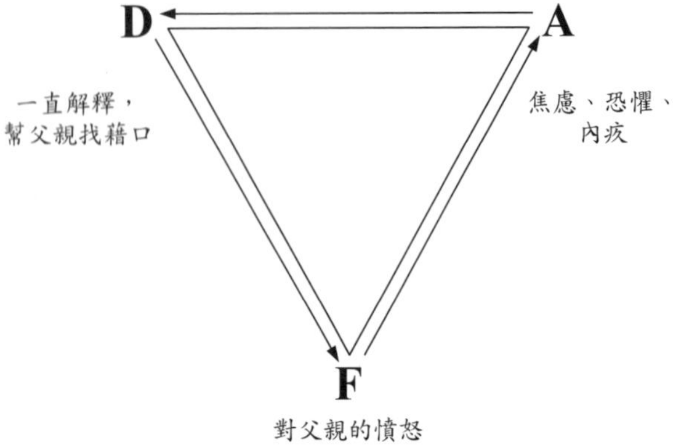

圖 4.3：茱莉回應自身憤怒的方式

應，憤怒（F）儼然又要燃起，再度讓她感到不安（A），所以她用防禦機制來回應，幫父親找藉口（D），再次把憤怒降低到不可觸及的程度。

請記住，這整個過程通常在無意識間發生（換句話說，在自覺意識之外）。茱莉沒有意識到自己在逃避情緒，一般人也沒有辦法，無法意識到情緒讓自己感到不自在，也無法意識到自己正以防禦的方式回應，這些變化會自然而然發生，但當關注情緒體驗並練習情緒正念，會更加意識到自己的不安，也會意識到自己逃避的所有方式。

既然已經瞭解防禦機制如何運作，現在可以檢視為了逃避不自在的感受，我們會採取哪些防禦策略。

每到道別時分

兩人走近停車場時，布倫達心想：「好吧，我想就這樣了。」她和好友艾蜜麗結束每週一次的環湖散步，她們一起散步的次數有好幾百次，但這一次不同，這次很可能是可預見的未來中她們最後一次一起散步了，因為艾蜜麗的丈夫已經接下一分管理工作，她幾天後就會跟他會合。

散步的過程中布倫達腦中不斷閃現她與艾蜜麗共享的許多時刻，想起一同散步的所有時光，好時光與壞時光此起彼落。自從八年前搬到這座城市以來，艾蜜麗一直是她最好的朋友，現在她要離開，這感覺好不真實。

在散步前幾天，布倫達一想到要跟艾蜜麗去散步都會感到焦慮。她知道自己到時候不得不和摯愛的朋友道別，心中不想面對，她想甩開這些感覺，告訴自己等到道別那一刻到來再思考怎麼道別吧。但真的到了這一刻，她卻一點心理準備都沒有。

她們有說有笑，回憶曾經共享的歡樂時光，但沒有把悲傷說出口。布倫達至少有十幾次感到胸口一陣悲傷痛楚，但每次都會轉移話題、轉移注意力，或者轉而欣賞湖邊一棟宏偉莊嚴的房子（她一直都很喜歡那棟房子）。當話題沒了，兩人之間留下令人不安的沉默，當中充滿沒有表達出來的感情，突然之間，道別的現實再也無法逃避。

「我不敢相信下週末就無法見到妳，不敢相信我們無法再像過去那樣相聚了。」艾蜜麗說，她們在她的車前停步。

布倫達喉嚨一陣哽咽，情緒在她體內湧動，但她試圖輕鬆以對：「嘿，這年頭有電子郵件，我們可以一直保持聯絡，甚至可能會比過去更常聯絡。」

艾蜜麗努力微笑，她想相信那是真的。

「嗯，我該走了，如果我不走一定會哭出來，一哭就停不了了。」她們擁抱時布倫達覺得自己好像快要融化，但她強忍內心的洪流，抽身離開，感覺自己似乎無法承受。布倫達上了車，面帶微笑對著艾蜜麗揮手，然後別開視線。她看見艾蜜麗臉上的悲傷，覺得無法承受，因為她的表情讓她更加觸及自己的情緒，她扭開收音機開車離開。「沒事的。」她一邊擦著眼淚一邊心想。

開始瞭解自己

若無法敞開心房分享經驗，若試圖淡化這一刻並盡量降低失去的感受，道別就會很難，若逃避感受，道別會更難。如果布倫達不要選擇獨自承受，她會如何道別？如果她能夠與艾蜜麗分享悲傷，我敢篤定她倆會感覺更親密，她們共有的悲傷只會進一步彰顯她們對彼此的愛，道別的感覺不會這麼糟，不僅因為觸及核心情緒能帶來解脫，也因為布倫達和艾蜜麗不會獨自陷入悲傷之中，就算分離的感覺確實非常痛苦。

布倫達的行為對你來說是否非常熟悉？也許你過去與朋友或家人相處時曾經歷過，也許你自己也有相同的反應。布倫達應對這種難過時刻的方式相當常見，許多人很難在失落的時刻與情緒共處，為什麼？因為我們擔心表達情感上的痛苦會讓情緒更糟（事實上恰好相反）。所以我們像布倫達一樣想方設法避免這種體驗，假裝無所謂，擱置情緒，想要之後再面對，卻永遠沒有面對，或者面對時還是無法停下防禦機制，無法與情緒共處，一旦開始感到不自在就改變話題並繼續逃避。

這些行為全都是防禦。

學習察覺自己的防禦反應可能深具挑戰性，這很合理，情緒的防禦機制就像天上的星星一樣族繁不及備載，事實上，只要能夠用來逃避真實的感受，任何想法、行為或反應都能成為一種防禦機制。儘管防禦形式有無限的可能性，但有些防禦策略比其他策略更為普遍。先熟悉所有常見的防禦機制，能幫助你從自己身上辨識出這些機制，還有其他在你身上發展出的「防禦變奏曲」。

一般來說，防禦機制通常分為兩類：外在人際和內在個人。

自己與他人之間

外在人際防禦的目的是避免向他人表達感受，避免情緒暴露及外顯，包括下列行為：

- 情緒開始浮現時目光游移或別開目光
- 心中真正感受到的是別種情緒，例如憤怒或悲傷，但表現出來的卻是微笑或大笑
- 轉移話題
- 自相矛盾或假裝無所謂
- 說話很快或說太多話，讓對方插不上話

- 完全不說話、拒不回應、置身事外或保持沉默
- 逃避具體細節，模糊化或正常化自己的情緒（例如說「我沒事」或「我很好」）
- 對自己的感受或他人的感受表現出不屑一顧（我看起來心情不好？沒吧，我才不在乎！）

此外還有一些方法可以抑制身體上的感覺並防止情緒被外人察覺，儘管有時我們會在自覺的情況下繃緊身體以抵抗內心湧現的情緒，但這些身體反應就像其他防禦機制一樣，往往是在無意識間自動產生，包括如下反應：

- 整個身體緊繃
- 身體某些部位收縮（例如胸部、頸部、喉嚨或下巴）
- 麻木（全身或特定部位）

本章和其他章節中列舉的案例也說明了某些外在人際層面的防禦方式，例如當布倫達的情緒開始湧現，她**轉移了話題**或將目光從艾蜜麗身上**移開**。還有第二章的凱倫，

還記得她全程面帶微笑告訴我她婚姻中的痛苦問題嗎？還有第三章中談到的馬克，當我問他與哥哥相處的感覺，他全身緊繃且把目光別開。第一章的亞歷克斯因為〈平安夜〉的旋律引發他的悲傷，因此他轉頭迴避太太，握住方向盤，繃著身體，壓抑情緒。

上述所有行為都算防禦，這些人利用防禦機制來抑制自己的情感，逃避與他人分享，最終目的是規避坦承情緒和展現脆弱帶來的親密感。請記住，我們的防禦源於與照顧者早期關係中的人際背景，我們攜帶著與情緒相關的恐懼成長，害怕他人會如何回應我們的情緒表達，如此一來，我們既害怕自己的感受，也害怕一旦向誰敞開心房，對方可能會出現和早期照顧者一樣的反應，表現出忽視、蔑視、退縮、緊張、敵意等態度，真正的親密關係對我們來說變成了威脅，因為親密關係需要情感上的誠實和開放。

你能否辨識出這些防禦行為當中，是否有你抑制情緒的方式？請回顧一下列表並思考當中是否有任何一項防禦機制感覺起來非常熟悉，稍後你將進行意識練習，這個練習能讓你更瞭解自己是如何用防禦性的態度來回應情緒。

自己與真實自我之間

外在人際防禦目的是讓我們與他人隔絕，內在的個人防禦相對上則是阻止自己體驗情緒的方法，機制可能更加複雜也更難察覺，因為與外在的人際防禦不同。人際防禦往往發生在情緒浮現那一刻，個人防禦則可能短暫也可能持久。事實上，這些特定防禦策略中的某些可能成為長期的反應方式，讓我們永遠遠離自己的真實感受。

例如還記得我於前文描述過，我過去是如何持續從一件事逃離到另一件事嗎？從家裡、到工作、到學校、到健身房，再回家，這種行徑對我來說算是一種防禦，因為上述所有行為都能有效使我遠離真實的感受，我的真實感受是——害怕相信自己的判斷，害怕在生命中繼續前進。我不只是偶爾這樣表現，這已成為我的一種存在方式。事過境遷之後，我可以說，當時的我並沒有意識到表面下的自己有多焦慮，刻意忙碌其實是對恐懼的強烈防禦。

我在第二章概述過，某些情緒恐懼症的常見跡象其實也是個人內心的防禦機制，包括以下情況：

- 過度思考，事情「卡」在腦海裡，無法採取行動（我有一位客戶的形容非常貼切，他稱這種狀態為「分析功能麻痺」）
- 必須控制全局或者過度自負（否則強大的表象可能破裂，破裂之後情緒可能滲透）

- 逃避讓自己產生情緒的情況（例如不去拜訪處於悲傷情緒中的朋友，因為害怕落空而不去找新工作，或避開會讓你生氣或者不悅的家人）
- 刻意降低事情或經驗的強度，目的是減少情緒上的影響（例如說「這真的沒什麼大不了」，或者就像我一些中西部朋友常說的「本來可能會更糟」）
- 在處理情緒激動的情況時採取冷漠、疏遠、理智的立場（例如參加親近之人的喪禮，口頭上卻只能聊教會的歷史；親人得了重病，卻把重點放在病程的科學上；用第二人稱，不用「我」來指稱自己）
- 採取被動攻擊（用消極的方式表達憤怒，例如表現得很固執、故意遲到或「故意忘記」做某事）

人通常會透過其他方式阻止自己體驗真實的感受，例如：

- 為自己（或他人）的行為找藉口，試圖辯解或「合理化」（例如沒有得到應得的升遷之後自行推斷公司今年的表現不如以往；是自己違背承諾或者對待某人不公平，卻沒有對自己的所做所為感到內疚，反而還自圓其說）

- 讓自己保持忙碌或分心（看電視、上網、打掃房間、購物等等）
- 責備或攻擊自己（我一開始去找那分工作真是愚蠢！我真是個白痴！）
- 經診斷排除後，仍然產生或執著於身體問題或者健康相關問題（例如緊張性頭痛、消化問題、對自己可能罹患嚴重疾病存在毫無根據的擔憂）
- 刻意忽略或否認會引發情緒的爭議、問題或情況（例如處於緊迫的財務狀況卻刻意選擇忽略，有化學藥品依賴問題卻刻意否認）
- 所有成癮行為（酒精、毒品、食物、性、賭博、購物等等）
- 不採用健康的方式體驗或表達情緒，而是「發洩」情緒（成癮行為、發脾氣、打架，進行無保護措施或危險的性行為）
- 刻意打壓或壓抑自己的情緒

最後一項防禦機制與其他略有不同。我們壓抑情緒時實際上是有意識的，我們會做出有意識的選擇來壓抑或逃避感受。當我們須要稍微控制情緒，或者須要暫時把持情緒等到環境安全時再體驗並表達情緒，這種防禦機制可能有好處，但就像任何防禦性反應一樣，當過度仰賴壓抑情緒、不斷壓抑情緒，而不以健康的方式處理情緒，我們就會蒙受其害。

防禦意識練習

請花點時間提高自己的自覺意識，瞭解自己回應情緒的防禦方式。請回頭檢視上述外在人際和內在個人防禦機制的列表，並思考哪些項目可能與自己相符，請留下一些空間，真正停下腳步思考自己是否也有類似的行為。

因為當中有許多行為超出意識範圍，所以請回想生命中的感性時刻並思考自己當時的反應，此舉也許能協助你將評估建立在現實的基礎上。你當時是勇敢向前敞開心房，還是逃離情感？如果選擇逃離，是用什麼方式做到？請想像會讓自己產生情緒的情況，並思考哪些防禦機制可能成為反應，哪一項感覺起來是很容易出現的反應？實際出現過哪幾項？請在紙上或日誌本中寫下你辨識出的防禦機制。你是否會使用其他上文未提及的方式來逃避情緒？若有，也請納入清單上。寫下防禦機制能協助你讓這些行為進一步進入意識當中，並在行為上降低無意識防禦行為的可能性。請在紙上或日誌本上列出五種你最常用來逃避情緒的方法。

防禦行為

為了更瞭解內在的個人防禦機制如何發揮作用，讓我們在下列案例中檢視幾種最常見的防禦機制，每個範例的標題都列明該段使用的是哪些防禦機制，還有內在可能想要逃避的情緒。

對恐懼和悲傷的防禦性反應——合理化和逃避

黛安掛上電話後在廚房的桌旁坐下，她姐姐剛剛打電話來，告訴她八十九歲的姑姑住院了。她心想：「可能就這樣了，我真的很想見她一面，她對我來說意義重大。」但隨後黛安想像去醫院探視姑姑會是什麼感覺。姑姑一直充滿活力，現在卻生病躺在病床上，身上插了這麼多管子，她能聽見心率監測器在她腦海裡嗶嗶作響。她的胸口開始疼痛，接著一股焦慮湧上心頭，黛安勸自己：「妳知道的，她可能已經神智不清，就算去看她，她也根本不會注意到，所以去看她有什麼意義？我先觀望一下，看看狀況再說吧。」她的焦慮感稍微緩和，所以環顧房間想找件事情來做，她從桌旁站起身，開始清空洗碗機。

對憤怒的防禦性反應——身體問題和心事重重

德瑞克看著老闆剛剛指派給他的計畫清單，在如此短的時間內要完成這些工作量似乎不太合理，但當老闆問他對工作量有什麼意見，德瑞克通常什麼都不會說。他走回辦公桌時開始感到煩躁，然後感覺到焦慮和壓力，他很想知道：「**我該如何完成這堆工作？**」德瑞克坐下開始整理面前堆積如山的工作，突然間他感覺脖子處隱隱作痛，他想著：「**太好了，也太會挑時候了！**」當天晚上下班回家時他已經很痛，無暇再想其他。德瑞克的怒火本來可以幫助他對老闆劃清工作界限，但現在已經無法，因為憤怒已化為「頸部疼痛」。

對驕傲和喜悅的防禦性反應——假裝沒什麼

麥可在十分鐘內收到了四次讚美，每個人都向他走來，讚揚他在募款活動上的出色表現。有一位女士一直說他很有才華，能舉辦一場如此獨特又成功的活動。這是實話，麥可獨自想出整個企劃，耗費好幾個月時間策畫出一場最神奇的活動。他內心有某個角落開始對自己的工作感到自豪，為自己出色的表現感到開心，但麥可也同樣感到不太自在，有點不安和焦慮。認可和讚美已經多到他無法承受，他須要找個方法來踩剎車，他心想：「這些人太過譽了，誰都可以做到吧，不需要什麼特殊的才能。」然後他低頭看了看空杯子，直接走到吧台再喝一杯酒。

對（不確定）情緒的防禦性反應——過度思考

蘿倫一直在努力釐清她對尼克的感情，他們已經約會了一年多，對她所有的朋友和家人來說，他們似乎是一對完美的情侶，但蘿倫覺得不太踏實。她試圖觸及自己的真實感受，想要釐清自己內心的想法，最終卻無法想透。她一遍又一遍地想，如果她的思考過程能被具現化，可能會是以下內容（請注意，她完全不連結自己的情緒，只是不斷在腦海中左思右想）。

他是個好男人，我們在一起很開心，但似乎少了些什麼，我不知道少了什麼，我想知道我是否真的愛他？我想知道那是什麼？真的，我的意思是，要怎麼知道自己戀愛了？我可能戀愛了，但完全沒有意會到，對吧？好吧，我知道我愛他，但愛的感覺應該不一樣吧？也許我們只是須要緩一下，也許我應該給自己一些空間，瞭解自己的感受，但他可能會因此受到傷害，我可以預見這會讓他多難過，我想我無法承受自己這樣對他，也許我只是期望太高，也許如果跟他在一起的時候能放鬆一點，不要那麼擔心，我的感覺就會不一樣，也許他真的是對的人，但之後我又覺得……

蘿倫不斷在腦中鬼打牆，結論是什麼？沒人知道，她自己也不知道。

情緒也是一種防禦

還記得我於前文說過，所有想法、行為或反應都可以成為防禦機制嗎？其實情緒本身也可以成為對感覺的防禦。防禦的對象本身也可以成為一種防禦，當運用情緒來掩蓋核心的情緒體驗，情緒就會變成一種防禦。例如有時人們真實感受到內心潛在的傷害或悲傷，卻會用憤怒來應對，還有種相反的情況是，有時人們內心深處明明感到憤怒，卻會感到絕望或者流淚，但這應該是悲傷的反應。基於各種原因，最容易浮現的情緒比潛在的情緒更容易接受或忍受，因此可以成為防禦機制，透過這種方式，防禦性情緒得以掩蓋更深層情感層面上真實產生的情緒。

如何判斷自己的情緒本身是不是一種防禦？其中一個明顯的跡象是這種感覺不會

消失，會像一張壞掉的唱片一樣不斷重複，且永遠不會達到滿意的結局。憤怒或內疚沒有消退，悲傷或恐懼也沒有消退，無論耗費多少時間在這種感覺上，都無法帶來持久的解脫。核心的適應性情緒則不會這樣，這種情緒會向前流動最終消散，有時過程相當快速，如果能夠向情緒敞開心房並徹底感受，就會感到如釋重負，變成一個更好的自己。

防禦性情緒無法讓人解脫，請回想茱莉的經歷。她與父親通電話後感到擔憂和內疚，部分原因是為了抵禦她憤怒和快樂的核心情緒，最終卻感覺受困在防禦性情緒中無法自拔。無論茱莉如何努力都無法撼動這些情緒，她永遠不可能做到，除非她能認知到自己的防禦性反應，並著手處理自己潛在的情緒。

現在該怎麼做？

如果我帶領你理解自己行為過程中讓你感到有點昏昏欲睡，這很正常。我們探討過許多防禦機制，但歸根結底，記住防禦機制的確切類別或名稱並沒有那麼重要，我花時間闡述這些常見的防禦策略，目的是讓你開始檢視自己的行為時，能有一個參考框架，最重要的是，你現在已經很清楚自己要注意什麼。

這正是現在須要做的事，此時的主要任務是保持警惕，開啟探測器並關注自己的反應，擴大情緒正念的練習，包括留意自己對情緒的反應，留意自己接近情緒時的行為。當有股情緒開始浮現，請留意自己想做什麼反應，或者有股衝動想做什麼事。請留意在可能引發情緒反應的情況下自己會做出什麼反應，你會隨心所欲？還是努力抗拒？你是否有興趣傾聽自己的心聲，還是以防禦的方式做出回應？

有時你也許會發現自己的行為可能具有防禦性，你可能會留意到自己變得焦躁不安，感覺好像須要移動或分散注意力。你可能會觀察到自己身上出現在本章談及的任一種防禦策略，或者有股衝動想要進行防禦。請停下來問問自己的內心，剛剛發生了什麼事導致可能引發情緒反應，或者讓你感到不自在、焦慮或害怕？如果沒意識到自己的情緒，但懷疑心裡可能發生了什麼變化，請檢視自己的想法和行為，留意自己可能產生的所有反應，並對自己保持好奇心。請自問以下問題：

我的內心發生了什麼變化？我意識到什麼？我感覺到什麼？
我留意到自己身體上發生什麼反應？我經歷什麼感覺？

我在逃避什麼嗎？我在逃避一種感覺嗎？我能感覺到自己可能在逃避嗎？
內心有什麼我害怕正視或害怕共處的情緒嗎？內心是否有什麼引發焦慮的情緒？
如果我不做出防禦性反應，亦即如果我不讓自己逃避情緒，會遭遇什麼反應？我可能產生什麼感覺？可能想做出什麼反應？

這些調查性的問題旨在提高自覺，協助你關注經驗，你可能已經注意到其中幾個問題有些模稜兩可（我的內心發生了什麼變化？我意識到什麼？我感覺到什麼），這麼設計其實是刻意為之。還記得於前文學到與情緒連結時優先使用右腦的相關內容嗎？其中一些開放性問題能提供很大的空間，讓你留意可能發現的情緒，也能幫助你專注在情緒體驗上，不會迷失在思考和試圖理解「原因」的過程當中，那可能是陷阱。

你不必現在就回答這些問題，就算說「我不知道」也無所謂，有沒有能力辨識出自己的情緒並沒有那麼重要，因為你接下來就會知道了。最重要的是要把注意力轉向內在而不是向外，你要訓練自己活在當下，而非總是想辦法逃離，這本身就是一大進步。

請開啟防禦監視雷達並時時保持開啟狀態，讓雷達以「連續模式」運作，這樣內心就會有一部分時時密切注意狀況，對自己保持警惕，也許一下子就會逮到自己的防禦機制，也或許正有在對情緒做出防禦性反應才會察覺，只要能確實提升自覺，什麼方式都很好。

請記住不要評判自己，鼓勵自己保持開放的心態，好好檢視內心的機制——我又攻擊自己了，我又轉移話題了，我又找藉口了。我又用左腦思考了，我又陷入思考當中忽略了自己的感受，我剛剛是在逃避什麼嗎？為什麼我在那一瞬間全身緊繃？是什麼情緒讓我開始滔滔不絕說個不停？當你有能力注意到自己做出上述那些行為，且現在已經知道那全是防禦機制，就要小心留意。防禦機制是一種線索，能提醒你專注於內心體驗，也是發掘自身重要特質的寶貴機會。一旦留意到自己的反應可能有防禦性，請停下腳步給自己一些空間向內傾聽，傾聽自己的內心，活在當下，看看自己會發現什麼。

以這種方式練習正念即是開啟意識的鏡頭，讓人能用更完整的角度窺見自我，過程中也是在練習控制自己的反應。現在，每個人都有機會改變自己，朝向一個嶄新振奮的方向邁進，走向更充實滿足的人生。

章節要點

- 防禦意指用來使自己遠離情緒的所有想法、行為或反應。
- 過度依賴防禦機制會導致各種問題。
- 接近自己的真實情緒時，防禦措施可以保護我們免受焦慮影響。
- 防禦機制可以用來保護情緒，不受他人和自身的影響。
- 當情緒的目的是掩飾真實的情緒體驗，情緒本身也可能具有防禦性。
- 練習情緒正念可以提高辨識防禦反應的能力。
- 意識自己的防禦機制非常重要，此舉能釋放自己的情緒，更深入與他人建立連結。

Chapter 5

第二步驟：馴服恐懼

迎戰恐懼，則恐懼化為無形。

——拉爾夫・沃爾多・愛默生（Ralph Waldo Emerson）

在一個灰濛濛的秋日，我坐在我治療師昏暗的辦公室裡心跳加速、雙手發麻，努力描述發生在我身上的事情。我詳細闡述我的恐懼，她仔細聆聽我說的話，我愈說愈感焦慮，我描述自己對當前關係的壞疑、對未來的擔憂，同時質疑自己的感受，疑惑自己該怎麼做，也不知該何去何從。我確定自己可以一直說下去，但在某一刻，她敏銳地察覺到我真正的問題完全是另一回事，她傾身向前並阻止我繼續說下去。

她說：「你說的內容讓我產生兩種反應。首先我能感覺到你的焦慮感真的很強烈、很痛苦、很折磨，但焦慮感覺起來也像一堵牆，在某種程度上阻擋了我，讓我無法瞭解你，我的意思是**真正**瞭解你。你能不能把這種焦慮感擱置一旁，一、兩分鐘就好，看看自己還有什麼感覺？」

她預料之外的發問讓我猝不及防，我在椅子上變換姿勢，試圖穩住自己。空間中曾經因為我緊張的談話而充滿活力，現在卻安靜下來，我彷彿聽見時鐘的滴答聲愈來愈慢，時間似乎逐漸陷入停擺。她的目光緊盯著我，就像攝影機的鏡頭拉近。

我的目光從她臉上飛快移到旁邊的書架上，彷彿想要逃離。然後我閉上雙眼，小心翼翼地把注意力集中在內心，審視內心世界的景象，看看除了我假設的想法之外還有什麼可能性。但似乎空無一物，只有黑暗空虛還有恐懼。

我以搖頭作為回答，然後又試了一次。我鼓起所有勇氣，腳牢牢放在地板上一動也不動，將注意力轉向內心，努力傾聽可能隱藏在焦慮底下的情緒。

攤牌時刻

在那安靜但關鍵的時刻，我開始馴服我的恐懼，留給自己一點空間，審視內心的真實情感。當時的我沒有意識到，但我即將開始一段改變我人生歷程的經歷。那是一九九四年的秋天，是我博士課程畢業的幾個月後，如今卻感覺像上輩子的事。我當初是個截然不同的人，事實上，當我回首當年，根本很難認出自己來，很難記得自己也曾有過如此焦慮的感覺，但我確實曾經如此。

從很小的時候起，我就學會質疑自己的真實感受，害怕相信自己的感覺和展露真實自我會帶來什麼後果，儘管我已成功向前邁進並取得很大的成果，但內心卻很掙扎。在深度層次上我仍然有種預感，如果我真的敞開心房，完全接納自己的情緒體驗，就會發生不好的事情。我大腦的舊串連線路不斷發出警告訊號，有效控制了我，讓最真實的自我無法完全展現。

我在無意識的情況下已經發展出無數種不同的方法，目的是逃避真實情緒和情緒產生的恐懼。長期以來，我保持忙碌、分散注意力、質疑並合理化自己的情緒、不理會或否認情緒，這些防禦機制一直在運作，企圖遏止我的焦慮，但我內心卻有某些東西從未鬆懈。我內心深處的聲音渴望被聽見，一直想從防禦盔甲趁虛而入。

情緒在我畢業那天找到了出口，其後幾個月內，我在學術上的追求無法分散注意力，防禦盔甲表面持續破裂，我一直在逃避的情緒終於爆發。

我意識到是時候停止逃避了，我必須放慢腳步，平息腦海中的雜音，給內心產生的情緒一些空間。如果我想過真正想要的生活，就必須開始意識到自己的感受。幸運的是，我找到了一位出色的治療師來協助我。一開始並不容易，因為我早已成為逃避大師。事實上，我愈關注自己內心的情緒，就愈發現自己多年發展出來的所有小套路，目的是巧妙轉移自己的注意力，我不知道自己在逃避情緒這方面已經這麼熟練。

但我現在須要熟練的是另一件事，我須要學習如何放鬆焦慮對情緒體驗的控制，須要學習如何馴服恐懼。

現在我要教你我學到的技巧。

超越防禦機制

開始意識到自己的防禦機制並努力與情緒共處之後，無可避免會面臨到焦慮和恐懼等不自在的感覺，也許這已經發生在你身上；也許你已經意識到一種不安的感覺，或者感覺起來更像是畏懼；也許你已經意識到身體上的緊繃、胸部的收縮、心跳加快或者不安的感覺，這些都是恐懼的表現。一開始，正是恐懼導致了防禦機制的發展。

唯有停止用情緒進行防禦，才能更大程度觸及自己努力想要逃避的恐懼，雖然這種感覺很痛苦、並不好受，卻是一種實用的訊號，表示我們正在接近自己的情緒，某種程度是在告訴自己，目前正走在正軌上，已經開始接近並學習如何處理情緒，正在走向更美好豐富的人生。

但在這個成長過程中的關鍵時刻，須要先找到降低焦慮的方法，如果不這樣做，我們可能會繼續逃避，不願徹底面對自己的情緒體驗，同時危急自身的幸福。這就是為什麼必須制定出更有效的策略來處理那些痛苦，而非想要牢牢掌控一切。

首先，讓我們仔細檢視人類焦慮和害怕時的運作機制。

重回大腦

在第二章中已檢視過早期的情感經驗是如何成為神經迴路的一部分，同時也對體驗自身、他人和世界的方式產生重大影響。當展現情緒卻面臨被拋棄或責備的威脅，這些情緒就會與危險的感覺緊緊相連，並成為神經系統情緒歷史「庫存」的一部分，讓人不惜一切代價逃避情緒。

杏仁核是大腦深處一種杏仁形狀的神經迴路群集，是情緒和其他重要情感記憶的倉庫，也是衡量事件情感意義的大腦區域，能讓人知道情況是好是壞，是快樂是悲傷，是安全還是危險。杏仁核之所以與當下探討的主題相關，是因為杏仁核也是大腦中恐懼起源的位置，同時還具備壓倒理性思維、忽視現實和超越情緒體驗的強大能力。

神經科學家約瑟夫・勒杜克斯的突破性研究解釋了杏仁核何以有能力「劫持」大腦的其他部位[1]。他利用尖端科技，協同他在紐約大學的同事共同展示杏仁核身為大腦神經串連方式的功能——杏仁核是用什麼方式繞過大腦「思考」部位的新皮質，警告身體要注意危險。杏仁核的反應非常迅速，甚至能在我們有機會仔細評估情況之前就向大腦的其他部位發出訊號，並為身體做好不戰即逃反應的準備，使心臟開始跳動、增強意識，讓肌肉為行動做好準備。而此時，大腦的理性部分還在釐清該做出什麼反應，最後全面瞭解狀況的新皮質才會參與進來。但由於新皮質的神經迴路更複雜，這個步驟須要經歷更長的時間才會發生。

杏仁核這種快速反應的潛力能使情緒攻克理性思維，為人類帶來生存價值，如果在獲得安全之前一定得停下腳步細細思考危險的情況，人類在史前時代將無法存續太久。杏仁核能持續提醒人們注意危險狀況，並動員身體做出相應的反應。

但問題出在杏仁核的反應通常是基於過去得到的教訓，即儲存在神經庫中的經驗，但那些經驗現在已經不合時宜。杏仁核的評估方法仰賴「模式比對」的過程，在這個過程中，杏仁核首先會掃描當下的經驗，然後在情緒歷史庫存中搜尋，評估紀錄中是否有任何引發警報的起因。如果杏仁核從過去比對到一樣的經驗，即使是距今非常久遠的經驗，也會促使我們做出與第一次一模一樣的反應。

簡而言之，大腦會根據過去的經驗預測是否有壞事即將發生，身體也會做出相應的反應，這個過程能解釋為什麼我們有時會對某些情況做出恐懼的反應，即便根本沒有理由害怕。例如我朋友在她二十歲出頭時遇上一場近乎致命的車禍，她當時緊跟在前面那輛車後面，但那輛車突然停下來轉彎，她不想撞上這輛載滿小孩的車，所以反射性把方向盤往右一轉後撞上了電線桿，所幸她還能活著描述這件事，但二十五年後，每當她開車跟車太近就會開始產生焦慮。情緒也會發生同樣的狀況，由於早期的負面情緒體驗，當接近自己的情緒，即使沒有什麼可害怕，杏仁核也會不斷產生恐慌。

但我們不一定要放任這種情況繼續下去，而是可以藉由「改編」，讓杏仁核對情緒做出更友好的回應，最終創造出不同的反應模式。重複用有建設性的方式體驗情緒，就能與情緒發展出更正向的關係，這種關係會日漸變得習以為常且可以預期，在此過程中也會為杏仁核建立新的參考框架，讓情緒不再是種威脅，而是美好的事物。誠如戴爾・卡內基（Dale Carnegie）所言：「如果想要克服恐懼，愈害怕的事就愈要去做，而且要繼續做……這正是迄今為止最快且最可靠的辦法[2]。」

你可能會認為**知難行易**，我完全理解。擺脫恐懼並全面接納情緒並不容易，尤其是在逃避這麼多年之後，這正是行使防禦策略要付出的代價之一。防禦機制讓人無法擁有豐富的情緒體驗，也無法消除恐懼的反應。

好消息是，我們不必盲目向前衝，此舉無法真正幫助我們，也無法讓我們知道如何表達自己的感受。我們可以反其道而行，學習將自己的不自在感減少到一個可控的水平，這樣敞開心房體驗情緒的過程就不會那麼難以負荷，也可以逐步走向更全面的情緒體驗，最終有能力重新體驗情緒。

向情緒體驗敞開心房是一個過程，不可能在一夜之間發生。但透過練習和自覺意識，可以學會馴服恐懼、讓身體平靜下來，並連結自己的真實感受。本章後續篇幅的重點是教導讀者一些技巧，當你接近情緒，可以運用這些技巧來平靜自己的神經系統，在此也列於下文：

1. 辨識並標明情緒
2. 以正念的技巧追蹤自己的經驗

3. 深呼吸
4. 正向想像

只要透過練習，這些方法就能幫助你減少焦慮，讓你更有能力與情緒共處和留給情緒一些空間。

暫停一下辨識情緒

法蘭克在簡短交談後掛斷電話，通話對象是即將成為他前妻的太太。他感覺震驚又困惑，不知如何是好，她只是告訴他，她會在本週找房地產經紀人賣房，那是他們一起住了十年的房子，而且房子會在一週內上市銷售。他們幾天前只是簡單談到這個話題，但仍未做出決定，至少法蘭克是這麼認為。

法蘭克走進隔壁房間時心想：「**我從來沒有說過我已經準備好把房子賣掉。**」他內心深處有某個地方下意識感到憤怒，他內心有一部分想要站出來說：「妳怎麼敢擅自決定，然後就這樣做了！」但他並沒有表現出那個部分，因為焦慮和擔憂已經獨占了他的注意力。他心煩意亂的在房子裡踱步好幾個小時，腦子裡一遍又一遍想著那通電話，想睡覺卻睡不著，他的思緒來回跳躍，情緒在體內翻騰。法蘭克夜裡大部分時間都輾轉反側，讓他上班時睡眼惺忪、筋疲力盡，他不知道自己該如何度過這一天。

如果法蘭克能夠承認並確定自己的感受，他不會度過那樣的夜晚。如果他掛斷電話後能在任何一個時間點暫停一下，關注情緒體驗，認知到自己的憤怒並如實標明情緒，他就會好過一點。「點明情緒」其實是一種強大的焦慮調節工具。

如果這聽起來簡單到不可思議，請想像一個小孩坐在教室裡的課桌，在座位上扭動，在空中揮動著手，他非常焦急，想要引起老師的注意。他精力充沛，動作不斷，要等到老師叫他，他才有辦法冷靜下來。「提米，你有什麼話要說嗎？」老師終於問道。突然間他覺得自己被看見、被承認了，如果老師好好聽他說話，他重新坐回椅子上時會感覺自己受到肯定，也會有種滿足感。

情緒就跟那個孩子很相似，都須要被注意、被認可，須要被辨識出來。一旦關注情緒，一旦能辨識並標明情緒，情緒通常就會停止爭奪我們的注意力。情緒產生的不安減少了，我們也會感到更加平靜。如果法蘭克能夠承認並接納自己的憤怒，他可能會經歷一段轉變，可能會感到如釋重負，可能會有能力從不同的角度看待他的選擇。

在生理層面上，點明自己的情緒實際上也能讓杏仁核冷靜下來。加州大學洛杉磯分校心理學家馬修・利伯曼（Matthew Lieberman）和他同事近期的研究證實，標明情緒能抑制恐懼反應，從而減少情緒困擾[3]。承認並說出情緒，無論是憤怒、悲傷、焦慮或恐懼、幸福、愛、內疚或羞恥，甚至只是一種模糊的情緒，都能調節自己的神經系統，讓人重新控制自己。

有哪些名稱？

還記得在第三章檢視過的基本情緒嗎？

憤怒　悲傷　幸福

愛　恐懼　內疚—羞愧

瞭解這六種主要情緒可以更容易辨識情緒，如果不確定出現的是什麼情緒，可以直接參考清單。

方法很簡單，有時只要把注意力放在情緒體驗上，就能專注於情緒，從而點明這些情緒。但有時情緒沒那麼清晰，當情緒體驗不夠明確，仔細思考每一種基本情緒會很有幫助。

有時我們可能會同時體驗到多種情緒，紛雜的情緒會突然出現，亟待解開。例如我有一位客戶意識到自己與伴侶發生爭執後，內心產生一種令人困惑的情緒混合體。當我們一起探索他的感受，他能夠辨識出憤怒、悲傷、愛和焦慮的感受。有鑒於關係遭到破壞，他的憤怒、悲傷和愛是有效的反應，但焦慮通常與不習慣面對情緒較為相關。有能力辨識並點明每一種情緒，就能有效釐清自己的經驗並降低焦慮。

點明情緒的過程有一大好處，如果能對自己的情緒體驗抱持開放態度，就會立即得到回饋，這就好比在網路上參加測驗或調查，在填入答案並按下「輸入」鍵後，螢幕上會閃爍「答對了！」或「錯誤！」等結果。標明情緒時也是如此，如果標籤不符合實情，隨即可判斷自己沒有命中目標，因為不會感覺到情緒能量產生任何改變。但若是標籤確切符合，就可以感覺到一塊拼圖輕鬆到位一樣，會經歷到身體能量的轉變，有一種如釋重負的感覺湧上心頭，焦慮也會有所緩解。當然，這一切都取決於自己與情緒保持連結的能力。

在此讓我們一起檢視，如果法蘭克與太太講完電話後能夠辨識並點明情緒，情況會是如何。

法蘭克在驚嚇之餘掛斷電話，當他意會到太太告訴他的事，他站著不動好一會兒，然後突然開始繞著房子踱步。幾分鐘過去，法蘭克才意識到自己的行為，他意識到自掛斷電話後，他的動作就沒有停止過，他心想：**「我整個人都很焦躁，我是怎麼了？」**他坐在沙發上專注於內心，注意到自己心跳得很快，而且非常煩躁，他很想知道：**「我是在焦慮嗎？」**然後他試圖讓自己冷靜下來，他承認：**「是的，我有部分焦慮的情緒。」**同時感覺自己還有更多情緒。他再次向內心集中注意力，留意到自己有股想要痛罵對方的衝動，他對自己說：**「我很生氣。」**當他這樣做，體內的能量發生了變化，他的感覺更加清晰，他想著：**「我當然很生氣，她沒有權利在還沒有跟我商量過的情況下就把房子賣了！」**法蘭克坐了一會兒，讓自己與情緒能量連結起來。

你可以使用左頁的「點明工具」來辨識並標明自己的情緒。

點明工具

當感到焦慮或不自在，請採取以下步驟：

1. 留意到自己似乎有某種感覺。
2. 把注意力集中在身體上的經驗，並與這種感覺共處。
3. 試著辨識並點明自己的情緒（憤怒、悲傷、快樂、愛、恐懼、內疚或羞愧），如果感覺不太清晰，請花點時間接納、關注情緒和情緒周圍的感覺
4. 檢視剛剛下的標籤是否符合自己的情緒，檢視情緒名稱和實際的情緒是否「一拍即合」。
5. 一旦準確標明出自己情緒，你會注意到體內的能量發生變化，請花點時間接納這種新的自覺。

簡化描述

表達感受不該是件複雜的差事，不需要很長的描述，事實上，言簡意賅即可，例如**我覺得難過**、**我生氣了**和**我很快樂**。這幾句話雖然簡短卻包含大量資訊，這些陳述都能清楚、毫無懸念地表達出一種情緒體驗。若想使用更詳盡的解釋或理由，通常可以導向談論或思考自己的情緒，而不是直接點明。例如有人可能會說：「我覺得生活過得一團糟。」即便這個表態很有說服力，但並沒有說明自己的感受，完全無法。因為這是一個**想法**，不是一種**感覺**，你可以換一個說法，例如：「我的生活過得一團糟，讓我很憤怒（或沮喪／悲傷）。」

人們常把想法和感覺混為一談，以為自己描述的是情緒體驗，但談的其實是想法，這個方式一定會讓人陷入五里霧中並與真實感受脫節。當情緒試圖引起我們的注意，所產生的能量不會降低，如果情緒一直在表面之下嗡嗡作響，就會讓人持續感到焦慮。

試圖辨識自己的感受時，我們會在「感覺」這個詞後面加上「自己」或「好像」等詞（例如我**感覺好像**……或我**感覺自己**……），最後表達出的是意見、判斷或想法，而非感受。例如如果我說：「我覺得這個情況太不公平了」，或者「我覺得自己已經盡力了」，這樣並不算是說出真正的感受，只是表達一個想法。所以情況如此不公平讓你有什麼**感覺**？是生氣？傷心？還是內疚？表現出色有什麼**感覺**？是快樂？興奮？還是鬆一口氣？這些簡單的形容詞能描述一種身體上的情緒體驗，同時也能描述自己的感受。

嘗試辨識和描述情緒時請注意措辭，如果能限制自己用兩、三個字表達（例如我害怕、我羞愧、我興奮），並謹守前文提到的六項基本情緒及其相關情緒，你就能避免落入描述想法的陷阱，也可能會意識到自己的描述偏重於想法，沒有著墨於情緒體驗上。就像我的許多諮商者一樣，你會一直察覺自己把想法誤認為情緒，此舉能使你重新集中注意力並重回正軌。

想法與情緒

這裡有個小測驗。試圖辨識情緒時，如果用「感覺」直接代替「認為」這個詞，句意仍然可以成立，那麼這就表示你表達的是一種觀點或想法，而不是一種感覺，例如「我感覺自己受到不公平的對待」也可以講成「我認為自己受到不公平的對待」，兩種陳述都表達出一種觀點或看法，都沒有說明自己受到不公平對待的感受。所以請簡化自己的表達方式，避免使用「自己」和「好像」這種贅詞，更能把話說得一針見血。

若情緒不明朗

有時情緒沒有那麼清晰，有時我們會模糊感覺到風平浪靜的表面下有什麼在蠢蠢欲動，例如法蘭克除了對太太賣房這件事感到憤怒，還可能有難過失落的感覺以及悲傷的情緒。這些情緒對他而言可能並不明顯，他可能會注意到內心有某種情緒滲透，但無法辨識出其他感受。在這種時候，只要承認**自己好像感覺到什麼**，只要承認有情緒存在，就可以減少焦慮。你可以想像自己敞開心門，向身體傳送一個訊息，告訴身體你已經準備好要發掘自己的內心了。重點是要讓自己知道你很想瞭解自己的情緒，此舉能讓情緒最終得以浮現，並讓情緒願意透露自己的身分。

另一方面，如果我們的態度是放棄和不在乎，如果我們排除情緒存在的可能性，同時關閉潛意識的大門，就會阻礙情緒自然開展的過程，讓情緒能量在體內積聚，最終感到痛苦。因為情緒就像課堂上那個孩子一樣，須要被看見。

你可以使用「保持開放工具」來維持開放的心態，同時鼓勵內心模糊的情緒現身。

保持開放工具

當你無法辨識自己的情緒，請採取以下步驟：

1. 承認自己產生了某種情緒。
2. 告訴身體你已經準備好敞開心房了，請告訴自己：
   我想知道自己的情緒。
   我願意敞開心房探索。
   我願意等待並找出答案。
3. 開啟情緒雷達，並在答案出現時保持接納的心態。

正念追蹤

法蘭克在離婚的壓力嚴重到失控時來找我諮商，尷尬的是，他竟告訴我他在婚姻中遇到的一大問題是很難在情感上敞開心房。法蘭克經常質疑自己，且在腦中耗費大量時間來合理化自己的感受。他經常辨識不出自己內心有什麼情緒。他語帶痛苦地告訴我，他的妻子形容他「情感疏離」，因此放棄與他建立情感連結。事實上，法蘭克並非沒有感情，他只是對自己有感覺這件事非常焦慮，不知道如何與情緒共處，也不知道如何善用情緒。

所以我們一起處理他的情緒問題，讓法蘭克更加瞭解自己的情緒，也認識到自己逃避或打斷情緒體驗的方式。雖然辨識情緒、點明情緒、專注在呼吸上，成功讓法蘭克更有能力控制焦慮，但注意焦慮表現在身體上的體驗也能帶來好處。對法蘭克來說，這種策略一開始似乎違反直覺，他不可置信地想：「**注意焦慮怎麼可能改善我的情況？這不會讓情況更糟嗎？**」我向法蘭克解釋，除非承認焦慮，才有可能降低焦慮的強度。用正念的技巧**描述並追蹤**焦慮在身體上的表現，有助於調節情緒體驗，同時也能與情緒保持一點距離。法蘭克姑且一試後，他的疑慮開始消失。他發現簡略描述焦慮表現在身體上的體驗，能顯著減輕他的痛苦。

人感到害怕時可能迷失在恐懼之中，會覺得不知所措又無能為力，而採取旁觀的立場並描述當下的情緒，有助於在程度上脫離不自在的感覺，並能重新控制體驗。

請想像自己站在一個黑暗的舞台上，上方有一盞明亮的聚光燈，在地板上照出一圈亮光。如果站在充滿光線的圓圈內，就很難看見這圈光，但如果能走出光線的範圍，反而可以把這圈光看得更清楚，可以在光線不刺盲眼的情況下進行觀察和描述。反思情緒體驗時就像上述情況，退到一邊旁觀更能準確觀察當下產生的情緒，並避免被情緒淹沒。

試圖敞開心房探索情緒時，可以使用觀察性的語言來幫助自己降低焦慮，例如，如果法蘭克的想法可以具現化，以下內容可能是他運用正念技巧追蹤情緒的方式，他藉由這個方式觀察並調節自己的痛苦。他可能會對自己說：「好，我注意到自己開始感到有點焦慮，也許不止一點。我的心臟也在快速跳動，我能感覺到心臟在胸口狂跳，現在我注意到自己的呼吸有點淺、有點侷促，感覺好像有什麼東西坐在胸口，姑且形容是某種沉重的感覺。我注意到那種感覺放鬆了一點，感覺沒那麼強烈，鬆開了一點點，現在我注意到……」

如上所見，法蘭克只是客觀表達內心的狀態，不帶評判，沒有試圖釐清，沒有企圖阻止，只是透過簡單觀察並把經驗訴諸文字，就能有效降低焦慮並控制經驗。當你試圖探索自己的情緒，可以使用「正念追蹤工具」來控制焦慮。

正念追蹤工具

當你注意到自己感到焦慮或恐懼，請採取以下步驟：

1. 專注於自己身體上的情緒體驗（例如緊咬下巴、胸部收縮、手麻、心跳加速、呼吸困難）。
2. 不帶質疑或評判，留意身體上的體驗並對自己描述，在過程中你可以使用簡短句構來引導，例如「現在我注意到……」。
3. 關注身體上的體驗時，請注意情緒有何變化，或者沒有變化。
4. 繼續追蹤並描述自己的體驗，直到焦慮或恐懼稍稍平息。如果你仍持續感到焦慮，可以嘗試本章中的其他練習。

5. 覺得足夠放鬆後，請花點時間接納並體會這種轉變。

休息片刻

薇琪在她生命中的低潮時期來找我諮商，她與即將上大學的長女關係不太好，但在這之前，她們關係一直很親密，直到最近，隨著女兒去上大學的時間逐漸逼近，她似乎對薇琪產生排拒感。薇琪心中的感覺非常複雜，自己與女兒漸行漸遠，無可避免會失去彼此間在身體和情感上的親密關係，這些都讓她非常難過。女兒有時會表現得不可理喻，這也讓她很生氣。這些情緒讓她感覺矛盾，她只是想珍惜與女兒所剩無幾的相處時間。

薇琪很難全然承認並接受自己的情緒體驗，每當我問薇琪有什麼感覺，她都會開始焦慮緊張，事實上我注意到，一旦她快要觸及自己的情緒，似乎都會暫時屏住呼吸，彷彿讓自己停止呼吸就能自動關閉情緒，如果她屏住呼吸的時間夠久，也許情緒真的都會消失。我要求薇琪注意自己這個反應，她表現出驚訝但承認這是事實。我向她解釋屏住呼吸的反應其實是恐懼的一種生理表現，當她的情緒逐漸逼近表面，身體也會隨之緊張起來，只要注意讓自己深呼吸並減緩呼吸，就能調節這種反應。一旦薇琪能夠繼續呼吸，體驗也很快發生變化，她終於不再感到那麼害怕，更願意敞開心房，願意花點時間與情緒共處。

薇琪屏住呼吸和限制呼吸的行為傾向相當常見，我常遇到這種症狀。當人們開始對自己的情緒感到焦慮，呼吸就會發生變化，可能會屏住呼吸或者呼吸加速，呼吸的位置則是在胸部高處，這是人類面對害怕時的自然反應。但值得注意的是，我們無法察覺這種情況發生的次數和頻率。這是人類應對情緒的自動反應。

大多數人不太會去注意自己的呼吸，但應該要多加留意。呼吸模式不僅能反映情緒，也有助於注意自己的情緒狀態。例如當進一步意識到自己的呼吸狀態，也能同時注意到當自己感到焦慮或壓力，呼吸會發生什麼樣的變化——呼吸會變淺，胸口會感覺緊繃。如果不注意這種焦慮反應就會自食惡果，隨著焦慮感增加，人會覺得更喘不過氣來，而隨著呼吸變淺和胸部收緊，焦慮感也會變得更加劇烈。我發現當發生這種情況，幫助自己冷靜的一個簡單方式就是專注於從腹部向下呼吸。這樣做時會大大降低焦慮感，在相對較短的時間內會感覺更加放鬆。

深呼吸何以能改變體驗？答案與自主神經系統有關。自主神經系統能幫助人適應環境的變化，當人們因某種方式感覺受到威脅，神經系統的交感神經分支就會開始行動，讓心跳加速、血壓升高、肌肉緊繃、呼吸變得急促而淺，目的是做好戰鬥或逃跑的準備。神經系統的副交感神經分支則負責讓這種反應平靜下來，讓人放鬆。而深呼吸是刺激副交感神經系統和逆轉恐懼反應啟動最快的方式。事實上，根據研究顯示，專注於吸氣並緩慢吐氣確實可以減少杏仁核（人類恐懼中心）的活動[4]。此外，深度腹式呼吸也能促進全身的平靜和放鬆，能帶領人們進入深度放鬆的狀態，正如精神病學家亨利・艾蒙斯（Henry Emmons）在《快樂的化學》（暫譯。*The Chemistry of Joy*）中指出，深呼吸對大腦化學會產生「奇妙的效應[5]」，這真是太好了！

當觸及自己的情緒並開始感到焦慮或害怕，請使用「呼吸工具」；當注意到自己緊張起來，請專注於深化呼吸並讓自己放鬆下來。每天練習幾分鐘腹式呼吸也是個好辦法，因為這麼做能加固並強化讓自己冷靜下來的能力。

呼吸工具

感到焦慮或害怕時，請採取以下步驟：

1. 專注於身體上的緊繃感。
2. 將手放在腹部，置於肋骨正下方。
3. 從鼻子慢慢吸氣，讓呼吸直直向下進入腹部，如果動作正確，放在腹部的手也會上升。
4. 充分吸氣後請暫停片刻，緩慢呼氣時讓自己的身體放鬆下來。
5. 請多次重複這個過程並專注於自己的呼吸上，讓呼吸愈來愈深，鼓勵自己充分放鬆，專注於身體和情緒上的體驗。

強化正向畫面

我在一個寒冷的冬日寫下這一段。我坐在一個採光充足的沙發上，旁邊地板上是我們養的兩隻小狗，一隻凱恩梗犬梅西，還有一隻挪利其梗犬萊蒂，無庸置疑，牠們是全世界最可愛的兩隻狗（我知道，我是個驕傲的狗爸）。只要看著小狗片刻，就能溫暖我的心房，讓我對牠倆充滿了愛，這兩隻狗為我們的家和生活帶來許多愛與歡笑。我在辦公室桌上擺了一張狗的照片，有時工作忙碌的時刻，我會看一眼狗的照片，一股溫暖的感覺就會湧上心頭。當我感到緊張或有壓力，一看見小狗棕色的大眼睛就能隨即放鬆下來，狗就像是能安撫靈魂的舒緩膏。

心理畫面和產生的感覺會影響人類的情緒狀態，無論是想像一隻心愛的寵物、與親人度過的快樂時光，還是想像自己度過一次夢幻假期，正向的畫面都能喚起一種充滿愉悅和欣喜的情緒體驗，還能夠緩解焦慮。瑞典神經內分泌學家克斯汀・烏納斯—莫柏格（Kerstin Uvnas -Moberg）的研究中顯示，喚起源自自己所愛對象的正向心理畫面，能將催產素釋放到身體系統中[6]。催產素是一種神經化學物質，能減少壓力荷爾蒙釋放並減少杏仁核啟動[7]，因此將注意力轉向積極的心理畫面能讓自己平靜下來，從而也能成為削弱恐懼的有力工具。

近年來，正向心理學領域開始研究正向情緒（幸福、愛、滿足、感激等等）對人類整體幸福感的影響，該研究領域是心理學領域一次可喜可賀的進步。長期以來，我們的注意力主要鎖定在理解和處理負面情緒，顯然我們也該瞭解如何讓自己感覺良好。我們開始意識到正向情緒對心理和身體健康有多重要，除了讓我們感覺更好，正向情緒還能增強恢復力、直覺和創造力，且真的能延年益壽[8]。

正向情緒也能讓人更有能力應對困難的情況，尤其能幫助我們有效對抗焦慮和恐懼。根據密西根大學心理學家芭芭拉・弗雷德里克森（Barbara Fredrickson）的研究指出，體驗正向情緒（如適度的快樂和滿足）可以降低負面情緒的生理影響[9]，例如想像某些能喚起正向情緒的畫面，可以緩和害怕時感受到的快速心跳，這個過程稱之為視覺化，意思是去想像能喚起正向情緒的某人或某事。

視覺化有助管控敞開心房時蒙受的焦慮，能喚起正向畫面並與畫面產生的愉悅感連結起來，可以有效抵消恐懼，但其實不必等到焦慮當下才開始嘗試培養正向畫面。如果可以先建立一個內在「相簿」，在相簿中搜集許多有情緒共鳴的畫面，就能隨時參考這些畫面，也會更容易進行視覺化。請花點時間搜尋有感覺的畫面，尋找能立即連結正向情緒的畫面，無論是溫柔、愛、同情還是歡樂，任何能讓你感覺更加良好、能改變情緒狀態的畫面都好。可以嘗試回憶與朋友共享的快樂時刻，想像自己被愛的擁抱所包圍，或者想像自己身處一個溫暖寧靜的地方。可以想像一個樂於幫助你的人，或者有一群人幫助你克服恐懼。有畫面之後，請讓自己感受這些人的愛和支持，或者你可以試著同情自己，例如你可以想像長大後的自己安慰害怕的內在小孩，給予內在小孩所需的安慰，讓他／她能不再害怕，然後再讓自己感受到那分同情和愛。

找出最適合自己的方式可能需要一些時間，這就是為什麼最好在感到焦慮之前就先嘗試視覺化技巧。如果畫面和正向情緒沒有立即出現，別擔心也別沮喪，因為視覺化與本章所有的焦慮調節技巧一樣，是一種可以透過培養習得的技巧，只是需要一點時間和努力。只要透過練習，你可學習如何運用視覺化技巧來產生正向情緒，並利用這些情緒來抵銷恐懼，正向畫面工具能助人緩解痛苦。

正向畫面工具

發現自己焦慮或害怕時，請採取以下步驟：

1. 承認自己的不安。
2. 喚起能引發正向情緒的心理圖像、記憶或情境。
3. 深呼吸，同時專注於該畫面。
4. 想像正向情緒流遍全身，同時消除了焦慮或恐懼。
5. 當焦慮或恐懼充分消失，請花點時間接納並體會自己的情緒。

掌握心臟

這是最後一種冷靜策略，可以幫助你馴服恐懼。

神經科學家史蒂芬・W・波格斯（Steven W. Porges）認為，可能有一種非常簡單的方式可以緩解壓力，同時讓神經平靜下來[10]。此一策略的關鍵是迷走神經，這是神經系統副交感分支的主要通道。迷走神經源於腦幹，負責將訊號傳送到身體的各部位，包括心臟、肺和腸道，也與調節心率和呼吸密切相關。

心臟工具

感到焦慮或恐懼時，請採取以下步驟：

1. 將一隻手放在胸部中央的心臟上方，進行腹式深呼吸。
2. 在心中喚起寧靜或歡樂的時刻，並在想像中放大畫面，一直到身體中的每個細胞都能感受到這些畫面的能量。
3. 當你放鬆下來，請花點時間接納並體會新的狀態。

啟動迷走神經可以平息恐懼反應，可以減緩心率，降低血壓，促進全身的放鬆狀態，只須將一隻手放在胸部中央的心臟上方，即可刺激迷走神經並舒緩心律。如果將此策略結合深呼吸和視覺化等技巧，可能會更加有效。對情緒敞開心房時，可以使用「心臟工具」來管理所有焦慮。

輪到你上場了

在努力克服恐懼的過程中，我使用過本章中與讀者分享的每一種方法，這些方法對我很有幫助，我每天教導諮商者這些策略，諮商者也利用這些方法取得巨大的成果。當人們更有能力直接面對恐懼、不再逃避，也能用有助於緩解痛苦的方式來應對恐懼，就更有控制自己的能力，也更能從情緒上審視自己的狀態。現在有了工具協助，當你著手對情緒敞開心房，也可以從中汲取技巧。

重要的是請記住，本章中提到的都是可以透過練習培養而成的技巧，雖然這些技巧的使用時機是接近情緒並開始感到焦慮或害怕的時候，但我建議只要有機會就盡量練習。可以把這個練習想像成維持身材或保持健康的鍛煉方式，差別在於，你鍛煉的是調節焦慮的肌肉，每次練習都是在培養管理痛苦和控制恐懼的能力，每次都會更擅長進行練習。透過這種方式回應情緒的同時，你也在改變大腦對情緒的反應，不再以恐懼來回應，而是將情緒視為可處理且毋須害怕的現象。

重點是要承認自己可能無法消除所有焦慮，沒關係，請記住，焦慮是一種實用的訊號，表示內心正在產生某些需要關注的情緒，若用這種角度來思考，焦慮其實是好朋友，因為我們需要焦慮帶來的資訊。此外，些微的焦慮也不算壞事，因為焦慮能促使我們不要就此滿足。人總需要焦慮來激勵自己前進並獲得自己真正想過的生活，但阻止你前進的無端焦慮或恐懼並非益事，你需要有能力處理這種痛苦，主要目標是將不安感降低到可控制的水平，據此才能夠對自己的情緒保持開放心態。本章介紹的策略旨在幫助你達到上述目標，每種方式都試試看，才能瞭解哪一種最適合自己。

章節要點

- 焦慮或恐懼可能是實用的訊號，表示自己更加接近情緒。
- 將不安感降低到可控制的水平，這樣情緒就不會感覺起來如此難以承受。

- 辨識並簡單說出情緒可以減少焦慮。
- 描述並追蹤焦慮或恐懼在身體上的表現，可以調節情緒體驗。
- 腹式呼吸能刺激副交感神經系統，讓恐懼的反應平靜下來。
- 視覺化技巧及其產生的正向情緒有助對抗焦慮和恐懼。
- 將手放在心臟上能刺激迷走神經，從而使神經系統平靜下來。
- 練習這些方法可提高自己管理痛苦和控制恐懼的能力。

Chapter 6

第三步驟：透徹感受

學習如何駕馭船隻，就不會畏懼風暴。
——路易莎・梅・奧爾科特（Louisa May Alcott）

布萊恩是一名三十多歲的教師，他欲言又止，不知如何告訴我他週末與父母緊張對峙的狀況，這件事讓他感覺孤立又麻木。

「發生什麼事了？你現在有什麼感覺？」我輕聲問道，同時留意到眼淚已經盈滿他的雙眼。

布萊恩低下頭向內心探索，他靜靜坐著然後抬頭看著我說：「嗯……結合了傷害和憤怒吧。對，就是這樣，他們的所作所為讓我很受傷，而且很生氣，但我大部分是氣自己吧，因為我沒辦法幫情緒找到出口。我知道自己有什麼感受、有什麼情緒，但有些東西堵住了出口、拖住我，讓我動彈不得。」

我知道正是這些挫敗感讓布萊恩來到我的辦公室，他曾形容自己很「壓抑」，成長在一個幾乎無法容忍情緒存在的家庭，壓抑是可理解的結果，無論是興奮還是自豪、憤怒還是悲傷、幸福還是愛，布萊恩的情感表達經常面對疏離和輕蔑，結果讓他學會懷疑、壓抑和否認自己的感受，最終感到沮喪又了無生趣。但是當我與他一起努力，我可以看出他的情感表達愈來愈活躍了。

布萊恩繼續說：「就像……有時我去慢跑，腦海中會浮現這些對話，我會想像自己跟父母談談，告訴他們我的感受，好像我真的開始能吐露情感了。但是跑完步後我會意識到這不是真的，事情沒有改變，我沒有感覺到有任何改變，我想著**這有什麼用？根本不值得。**」

人的反應都是這樣，布萊恩想的是自己要對父母說什麼，而不是讓自己感受當下的情緒，我思考了一下是不是該向他指出這一點，但隨後我提醒自己，現在的首要任務是先回到讓他流淚的事情上，我們須要先回頭處理他的情緒。

「你這麼說讓我覺得很難過，布萊恩。你放棄了自己，你認輸了，一想到你的感覺就讓我覺得很痛苦。」我用同情的口吻對他說。

布萊恩點點頭但似乎顯得有點吃驚，不知道該如何應對這種直接表達的關心，他的嘴唇動了動彷彿要說些什麼，卻什麼也沒說出口，他又試了一次，然後說：「這對我來說也很痛苦，我是說……謝謝你……嗯……」然後他又停頓了一下才接著說：「我想如果我可以……」

在布萊恩轉而說出想法之前，我阻止了他。「布萊恩，你聽我這麼對你說，內心有什麼感覺？」我問。

他聽我說完後說；「嗯……有種溫暖的感覺……在我胸膛裡。」他看向一旁，一動不動地坐著。他在椅子上變換姿勢然後坐直，好像正在試圖擺脫自己，想要擺脫所有即將浮現的情緒。

「布萊恩，與當下的情緒共處就好，你到底感覺到什麼？」

「嗯……」他談及我對他的關心時，試圖就事論事：「沒有什麼人會對我說這種話，這麼說真的很貼心。」他停頓了一下，然後搖搖頭說：「我只是不懂為什麼我父母從沒對我說過半句好話，為什麼他們老是要……把注意力放在我的缺點上，或者……」他停止說話，閉上了眼睛。

「沒關係，讓情緒自然發展吧。」我說。

他用無辜的眼神看著我說：「我覺得自己就像個小孩……我記得自己從學校的頒獎典禮回家，我贏得所有獎項，父母卻對我無話可說，他們……對……這件事……什麼話也沒說，我只記得自己……坐在……房間……」

他的頭向前垂落，肩膀開始顫抖，一波又一波的悲傷湧上他心頭，我鼓勵他呼吸，讓感覺穿透自己，鼓勵他繼續與痛苦的情緒共處。

一、兩分鐘後，情緒的潮水開始退去。

暴風雨終於過去，水面現在風平浪靜，布萊恩一動也不動地坐著嘆了一口氣，他抬頭看著我說：「這就是我一直在壓抑的感受。」

我說：「不必再壓抑了，布萊恩，再也不必了。」

事物的本質

布萊恩正在學習與情緒共處，並對這段經歷敞開心房，這樣他就能療癒自己長期以來承受的悲傷和痛苦。當能真正感受到自己的情緒，就能釋放出內心的能量源泉，如果能用自然的方式讓這種情緒能量流動，情緒就會帶領我們來到一個完整又煥然一新的狀態。就算情緒本身很痛苦，自己去感受情緒本身就是一種療癒的過程[1]，敞開心房接納情緒體驗能增加活力和生命力、帶來開悟和意義，並將我們與更深、更完整的自我體驗連結起來，此外也能更有力量面對並掌握我們逃避或害怕的事情。

但恐懼可能成為阻礙，恐懼會阻止我們發掘一個簡單的事實，如果能充分感受情緒，情緒就不會永遠持續下去，無論當下情緒看似有多強烈。就像海浪開始時很小，接著強度逐漸上升直達到頂峰，然後又消散退去，可能來得快去得也快，或者須要花點時間處理，可能是好幾波情緒接連出現，或者獨立的情緒波浪起起落落，只要願意承認並與情緒共處，不要阻止或排拒，就能學會容忍並看透情緒。

學習如何與情緒共處就像學習航海，有時海水波濤洶湧難以駕馭，有時卻風平浪靜；有時水流強勁，有時波濤平緩；有時大海可以預測，有時卻變幻莫測。要在不同的風浪條件下航行可能讓人畏懼，但練習愈多，過程會變得更加容易，其間的感覺也會更好，透過練習，就可以掌握駕馭這艘情感之船所需的技巧。

讓情緒之河奔騰

通常當諮商者處於情緒體驗的邊緣，情緒已經蓄勢待發，他們會停下來問我：「現在該怎麼辦？」因為他們發現自己身處未知水域，不知該何去何從，也因為不知該如何抵達彼岸而感到焦慮，他們像所有人一樣，迫切想要掌控局面。

但體驗情緒並不須要控制或採取行動，而是要開放心胸並留給情緒一些空間，然後讓過程自然展開。

最重要的是要擺脫積習。人們太常在情緒完全抵達之前就中斷過程並停止感受，例如才剛開始高興，就澆了自己一盆冷水；才開始感到難過就立刻漠視情緒；才開始憤怒就馬上質疑自己的反應。

在此可以再次用上情緒正念的技巧，這個技巧有助留給情緒一些空間、擁抱情緒的多樣性、透過情緒感受自己。情緒正念的六種不同元素有助充分體驗情緒，列於以下：

1. 接納情緒
2. 關注情緒
3. 放慢步調
4. 讓情緒通過
5. 看透情緒
6. 反思情緒

本章剩餘部分旨在幫助你培養上述所有元素，讓你有能力全程與情緒共處，只要透過反覆練習，就可以培養出管理和善用情緒體驗的能力。

只好這樣

我問布萊恩自上次見面後他過得怎麼樣，布萊恩回答：「我很好。」

「真的嗎？你看起來不太好。」我不太相信。

布萊恩承認過去幾天他心情一直不太好，跟母親通了電話之後讓他覺得煩躁不安，因為她總愛擺出一副傲慢的態度來評判他，她的行為經常讓布萊恩困擾，而這次她發表的評論讓布萊恩覺得她完全是在鄙視他。我問他：「當你想起你母親對你說的話，你對她有什麼感覺？」

他回答：「嗯，你知道的，這也不算什麼新鮮事，她老是這樣，我能怎麼辦？我的意思是，她不會變的。」

布萊恩正在試圖合理化，他太快就開始防禦，不允許自己暴露情緒。「你說的也許沒錯，但這個說法沒辦法讓我知道當她這樣做，你對她有什麼感覺。」我說。

「嗯，我會覺得很煩。」他承認了。

「我想一定是的，但『很煩』這個用詞有點含糊，你能描述得更具體一點嗎？」

「嗯，我生氣了，應該吧。」

布萊恩似乎猶豫了，我問他：「你不確定嗎？」

「不是，我的意思是，對，這件事是讓我很生氣，因為她這個人實在很討厭。」

「你當然應該生氣，這完全合理。」我暫停一下，然後繼續問他：「生氣是怎樣的感覺？」希望他能允許自己開始探索內心的情緒。

他看著我然後說：「你知道的，有一度我覺得自己快要發作了，但後來又覺得有點內疚，我認為她其實沒意識到自己的行為，所以如果她對自己的行為一無所知，我對她生氣其實並不公平，對嗎？」

接納情緒的真面目

布萊恩開始評判自己，正當憤怒開始在現場蔓延，他卻打斷了自己的憤怒，質問自己憤怒的反應是否應當，尤其是針對他母親。

這種困境並不少見，對所愛之人產生負面情緒會讓許多人感到不自在，我們覺得，如果允許自己產生負面情緒，負面情緒就會以某種方式抵消所有的正向情緒，但其實不會。不同的情緒可以且確實並存，我們都知道，最讓我們生氣的人往往是最親密的人。

為了讓布萊恩克服自己的情緒並轉換狀態，首先他必須接納自己的情緒。

接納是正念的基本原則之一，是用無條件的態度、不帶評判、不帶批評和有意願改變的態度來看待事物，接納的態度可以讓人在產生情緒時能更充分體驗自己的情緒。

我們必須有意願正視並接納自己的情緒，生氣就生氣，難過就難過，快樂就快樂，因為經驗沒有對錯，是怎樣就怎樣。不接納情緒就無法參與其中或者對症下藥，情緒無法流動會讓我們最終陷入困境。正如心理學家暨約克大學教授萊斯利・格林伯格（Leslie Greenberg）所解釋，要先願意讓情緒「到位」，才有可能處理情緒[2]。

情緒有點像天氣，我們對天氣狀況別無選擇，也無力改變。我們不能命令太陽照耀，不能讓雨停或逼雪停，但如果耐心等待的時間夠久，天氣就會改變（尤其是在明尼蘇達州，天氣可謂瞬息萬變）。如果與天氣對抗，如果苦於寒冷或者抱怨下雨，只會讓日子過得更痛苦。一旦接納天氣的本質，就能應對天氣並繼續前進，情緒也是如此。我們無法選擇自己的情緒，與之對抗也不會讓情緒消失，我們不必喜歡自己的情緒，但如果能夠接納情緒的本質並給予情緒一些空間，就可以開始慢慢摸索，目的是達到另一個更好的狀態。

批評或評判情緒看似非常可怕，但接納情緒可以有效幫助我們抵抗批評或評判，可以讓人擺脫思想的雜音並觸及真實的自我，儘管這似乎也「知易行難」，但如果能對情緒好奇、與情緒為友並接納情緒，開放情緒自然流動，便可以開始改變的過程。我們只須要保持意願並有動力去嘗試看看。

以下提出的建議可以幫助你對情緒體驗保持開放的態度，讓你更願意接納自己的情緒。

實踐接納的技巧

- 如果發現自己試圖逃避情緒或者對情緒產生矛盾，請讓自己先瞭解情緒的本質。
- 提醒自己將評判或質疑擱置一旁，先練習對情緒感到好奇。
- 如果發現情緒讓你感覺矛盾，請提醒自己情緒沒有對錯，情緒只是情緒，然後檢視自己產生什麼情緒。

- 留意自己的身體是否產生抵抗，如果有，請面對情緒深呼吸，讓能量開放並開始流動，請溫柔鼓勵自己對情緒保持開放的態度。

保持連結

布萊恩承認自己對母親感到憤怒，且對憤怒的情緒感到矛盾，但我們也可以看出，否認情緒沒有任何建設性，事實上只會讓情況變得更糟。布萊恩感覺焦慮並陷入了困境，意識到自己須要嘗試別的應對方式。

「我知道這會讓你害怕，但曾幾何時，你是否想過要感受情緒？無論自己有什麼情緒都願意接受，如果你想達到目的，這是唯一的途徑，你願意這樣做嗎？」我說。

他想了想之後聳聳肩說：「好吧，我想再糟也不會比我感受到的情緒更糟。」

「其實我有信心你會好很多，你只須要放手一試。你願意檢視自己的憤怒情緒嗎？」我說。

他回答：「好，但是……我不確定該怎麼做。」

「讓我幫你吧。首先，你為什麼不試試看坐直，這樣能幫助你更瞭解內心的情緒。」我說。於是布萊恩把雙腳平放在地板上，在椅子上變換姿勢坐直，然後看著我，想知道下一步該怎麼做。「現在請回想一下自己和母親的談話，想像自己和她通電話、聽見她的聲音和評論。」他一動不動坐著，專注於內心，表情專注而嚴肅，然後開始抿下嘴唇，他與母親的互動伴隨著憤怒回到他腦海。

「接近自己的情緒時，你注意到內心有什麼感受？」我問。

他抬頭看著我，瞇起眼睛說：「我感覺有點煩躁。」

「我看得出來，讓我們給情緒一點空間，你能描述一下有什麼感覺嗎？」

他想了想然後說：「我不知道。」

這對布萊恩來說是個全新領域，所以我對他說：「請關注身體上的感覺，然後告訴我你注意到內心感覺到什麼。」

他聽著我說，然後說：「嗯，我感覺有點緊張。」

「你身體哪個部位有這種感覺？」

「我的胸口。」

「好，現在請專注在那個部位，不要刻意做任何事，留意這種緊繃的狀態就好，我們來看看會有什麼結果。」布萊恩低頭專注在自己的身體上，他來回聳肩然後抬頭看著我說：「我覺得內心開始有點敞開了。」

布萊恩專注於自己的身體經驗，給自己的內在情緒一些空間，他的憤怒能量開始流動，此時布萊恩的臉色變了。「你還注意到什麼嗎？」我問。

「我感覺熱熱的，我的皮膚感覺灼熱。」

我心想：「**在我看來，這感覺起來像是憤怒。**」然後我說：「讓自己先跟那個感覺共處吧。」我等了一會兒後又問道：「還感覺到別的嗎？」

他把額頭靠在一隻手的指尖上坐著一會兒，然後搖搖頭說：「我又開始用大腦思考了，我要關閉我的思考。」透過我們一起努力，布萊恩變得更擅於辨識自己什麼時候又開始用大腦思考，什麼時候又與情緒失去了連結。

「讓思緒自行散去，不要給思考任何力量，然後重新專注於身體上的感覺，看看感覺會帶領你到何方。你還注意到什麼？」

布萊恩再次專注於內心，片刻後他揚起眉毛，看起來很吃驚地說：「哇……我感覺到自己體內所有的能量都在上升，好奇怪。」

關注情緒

其實一點都不奇怪，布萊恩的經驗是個很好的範例，可以說明關注情緒體驗時，情緒會自然敞開。

正如在第三章中提到的，情緒是身體的感覺，沒有身體就沒有感覺，因為沒有身體就沒有載體可以感受情緒了，專注於身體感覺有助與情緒連結。當布萊恩傾聽內心的聲音並關注自己的身體經驗，他的憤怒情緒變得更加顯而易見且自然流動。

情緒（emotion）一詞源自拉丁語 emovere，本質上的意思是「移走或離開」，健康的情緒就是這樣，無論是輕柔流動的感覺還是能量的湧動，情緒都會移動，通常的經驗是由內向外流動，從軀幹開始向外延伸到四肢[3]，例如：

- 憤怒時能量會向上流動（例如血液湧到臉上，手臂產生刺痛感）。
- 悲傷時淚水會湧現。
- 感到幸福和被愛時，會有一股暖流從胸口流過整個軀幹。

• 雖然恐懼會讓身體僵住，但恐懼的能量也可以向外流到腳上，目的是做好逃跑的準備。

內疚和羞愧則有點不同。內疚和羞愧的能量流動是朝另一方向——由外向內，使人想要向內隱藏。但無論這些情緒的「流動方向」為何，一旦學會注意情緒，你會發現情緒總是在流動。

運用正念技巧留意情緒在身體上的體驗能創造出一個內部空間，讓情緒在當中前進並自然發展。在布萊恩的範例中，當他專注於內心產生的情緒，他也給予自己的憤怒一些空間，讓情緒能被察覺。他的情緒一開始的表現是一種模糊的煩躁感，進一步檢視後是胸口的緊繃感。當他專注於這種緊繃感，情緒就會開放並交棒給憤怒，身體上的表現是逐漸發熱。如果他能繼續與這種感覺共處，隨著憤怒釋放，他會體驗到一股能量。

關注情緒不須多做什麼，不須要讓任何事情發生，也沒有責任釐清任何問題，唯一要做的就是與情緒共處並進行觀察。培養這種與自己相處的方式類似於正念冥想，要練習注意呼吸。所有練習過冥想的人都知道，專注呼吸能帶來有趣的效果，既可以縮小注意力範圍，也能提高意識和參與度。專注並關注情緒時也會發生同樣的結果，不但更能意識到幽微的情緒，也深化了情緒體驗。

借助這種方式集中注意力需要一些練習，因為人很容易分心、擔心過去或未來，或者跳入解決問題的思維模式。當你發現自己產生這樣的現象（就像布萊恩意識到自己轉向思考時的反應），只須將注意力轉回情緒體驗即可，不管當中有什麼情緒，請專注於情緒本身並觀察會發生什麼事。如果你迷失在聯想的道路上，請把自己拉回最初引發情緒反應的事情上，無論是有誰發表了傷人的評論、愛的時刻，還是最終達成的目標，都請將經驗視覺化，請聆聽、觸摸、品嘗並與之共處。

以下是上述建議的要點歸納，可幫助你專注於自己的情緒體驗。

關注情緒的技巧

- 安靜下來關注內心的感受。
- 在身體上找到感覺發生的位置，並專注於那個部位。

- 不必做別的事，只要注意、聆聽並觀察就好。
- 當注意力分散，提醒自己回到情緒體驗。

一步一步來

「看來你的內心五味雜陳，布萊恩。」我說。

「是，感覺有點難以承受。」他承認，臉上帶有焦急的神色。

「我們放慢步調，一步一步來。」布萊恩嘆氣，似乎鬆了一口氣，我繼續說：「首先，對於這股能量，你還有什麼感覺？」

「嗯，我感覺……自己好像想要大吼。」他承認道。

「你的意思是想要回嘴嗎？」我問。

「是的，我好像想罵我媽。」

「你想這樣做，我可以理解，但**體驗**憤怒並不是靠訴諸言語，至少現在還不是，而是真正讓自己在身體上感受內心的所有情緒。」我說。我緩了一下等他理解，然後我建議：「讓我們試著與內在狀態共處，你的身體現在想做出什麼反應？」

他再次關注自己的經驗並說：「我不知道，好像這股能量全都在體內積聚。」

「這股能量要流往哪裡？」

「我感覺好像想做些什麼事。」說著，布萊恩把手移到面前，好像在用力推開什麼東西。

「好吧，讓我們停下來檢視，你的手怎麼了？」

布萊恩盯著他的手看了一會兒，好像想找出什麼未知的感覺。「手在發麻。」他說。

「停留在這個感覺上，你想要做什麼？」我問。

「我……我覺得我想……揍人。」他突然間看起來很擔憂，他堅稱：「但我絕對不會，我不是一個暴力分子。」

「我知道你不是，沒必要擔心這個，我更關心的是你得讓自己充分體驗情緒。」

布萊恩像許多人一樣，對憤怒可能產生的衝動感到不太自在，但他想攻擊對方的衝動具備完整的生理意義，這是「不戰即逃」反應的「戰鬥」面深深植根於人類的身體系統內，人類會運用這個反應來動員自己對抗傷害或攻擊。我們面對任何情緒的目標都不是做出反應，而是要學習如何容許情緒，讓自己放慢步調並透過內在體驗摸索，當情緒涉及憤怒尤其如此。

我對布萊恩解釋，他的反應是人類「天生固有」的面向，然後補充道：「我們現在要努力為你的情緒留下足夠的空間，重點不是你在現實生活中會做出什麼反應，當然你絕對不會表現得逞兇鬥狠，那可不行。但如果想要用正面的方式利用自己的憤怒，有能力容許自己的情緒並度過內心所有難關是非常重要的一件事，否則你還是會對自己的處境無能為力。」

「好吧，我不希望這樣。」他說，表情看起來更堅定了。

「那好吧。」我點點頭說，然後等待一會兒讓他下定決心。「好，如果你想像自己回到與母親講電話的當下，讓自己非常接近內心的情緒，你可以放下自我，把主導權讓給所有情緒嗎？」

布萊恩看向一旁，專注於內心，似乎非常接近自己的情緒，他靜靜坐了一會兒，回頭看著我說：「我不太確定該怎麼做，我的意思是，情緒就在那裡，我可以感覺得到，但是……」

「注意內在有什麼情緒就好。深吸一口氣，呼氣時讓自己臣服於情緒，然後度過這個過程，請敞開心房，無論有什麼感覺，讓感覺自然發生就好。」我說。

他深吸一口氣然後吐氣，似乎有什麼東西釋放了，他坐著一會兒然後看著我，臉上一陣紅，他說：「哇——感覺好像所有能量都從我身上噴湧而出。」

放慢步調

如果布萊恩仰賴過去的處理方式，只是漫不經心度過自己的情緒，他的經驗充其量只會淪於膚淺又毫無意義，部分的憤怒依舊石沉大海且會持續惡化，但是放慢步調一步一步來，卻讓他摸索出方法，超越原有的狀態。

情緒有多種面向，需要時間才能完整體驗，一旦匆忙度過情緒（這是我們預設的處理方式），就會錯過情緒的微妙之處。要感受所有情緒的複雜性，才能受益於情緒。

令人驚奇的是，在當下放慢步調能讓我們更專注於情緒體驗，可以幫助我們：

- 降低焦慮
- 更完整活在當下
- 更容易注意到情緒的細微差別

・將情緒體驗拆解成更小的部分，讓情緒更易於處理
・擴展並深化對情緒的體驗

布萊恩透過放慢步調的技巧，培養出正念的其中一個面向——**參與式觀察**。他觀察自己的情緒和身體上的感覺，同時進行體驗。首先，他意識到能量在體內積聚，接著注意到自己想要回嘴，其後發覺自己有股衝動。他仔細觀察這股衝動，感覺手在發麻。他檢視自己的手部感覺，發現有股想要揍人的衝動。最後他接納自己的經驗，注意並感覺到一股爆炸性的能量湧現。利用這種方式參與經驗，可以提高布萊恩對憤怒本身及其不同面向的自覺，並更充分體現出憤怒。與此同時，他面對憤怒時本來只會手足無措，但如今已能在可控的步驟下一步一步展開過程。

有時可以把看待情緒的方式想像成看影片或電影，想像自己用慢動作播放，「一個影格一個影格」慢慢體驗情緒，例如一開始先將經驗視覺化，然後在腦海中慢慢播放。畫面出現時請一次看一小段，慢慢探索情緒。你可以在任何時刻按下暫停鍵停止播放影片，或在特定的時間點暫停。你可以透過這種方式放慢經驗，接納自己的情緒，留給情緒一些空間，準備好再繼續前進。

以下還有其他建議，可以幫助你放慢步調並保持與情緒共處。

放慢步調的技巧

- 請花時間感受情緒的複雜性，留意並體驗情緒的各個面向（組織、寬度、深度、強度等等）。
- 專注於自己的情緒，問自己想做什麼、想去哪裡，在當下與情緒共處，等待下一步會出現什麼感覺。
- 每當注意力分散或很跳躍，請讓自己重新適應當下的情緒體驗並充分感受。

讓情緒通過

童年時好多次家庭假期我都是在澤西海岸度過，我有很多美好的回憶，這是夏天我最喜歡的一段時光。大海的味道，海鷗的聲音，赤腳在沙灘上行走。我和姐姐們大部分時間都在海裡玩耍，我們游得很遠，在海水中浮起，在波濤洶湧的大海上下沉浮，等待「一道大浪」。海浪來了，我們先在遠處窺伺，隨著海浪朝向我們撲來，體積愈來愈大，在那一刻，我們知道唯一能做的只有順其自然，任憑海浪把我們推高，再乘著浪漂回岸邊。當然，這過程有點可怕，但大部分的感覺是興奮。

有時，當放慢步調與情緒共處，情緒會像潮水退去一樣輕輕進入意識，其他時候，情緒則在體內積聚強度，然後像「大浪」一樣朝向海岸線上升。這種時刻最好的做法是讓情緒通過，敞開心房，擁抱浪潮，乘風破浪。當悲傷升起，讓痛苦通過；當喜悅升起，讓興奮通過；或者如布萊恩的案例，當憤怒升起，讓內心的能量衝動通過。讓情緒通過可能有點可怕，但毋須害怕，畢竟沒有人會因為乘著情緒浪潮而滅頂，更重要的是，這種體驗讓我們有機會迎向更美好的未來。

讓情緒通過的特質是開放，與其武裝自己或者對情緒神經緊繃，不如軟化自己融入其中，讓情緒影響並穿透我們。一旦感覺到內心的情緒能量在上升，請溫柔鼓勵自己參與這個體驗，請深呼吸，呼氣時讓情緒的能量流動。接受自己的情緒時請想像自己張開雙臂，處於開放的態度，感覺情緒向你湧來，讓情緒填滿你留下的空間。

當情緒讓你感到痛苦或者難以承受，可信賴的朋友或親近之人的支持也會有所幫助，最好有人陪在身邊並幫助你管理這個體驗的過程。當然，這個人得是一個能讓你感到安全和舒適的人，同時心態非常開放。

以下列出幾項指導方針，可以幫助你敞開心房讓情緒通過。

讓情緒通過的技巧

- 當體內的能量上升，請鼓勵情緒浮現，告訴自己讓感覺釋放，或者直接讓感覺釋放即可。
- 對著這股情緒深呼吸，讓情緒影響或穿透自己。

- 先想像自己在這股情緒中軟化或放鬆，然後開始實踐軟化或放鬆。
- 隨著情緒流動時，請記得呼吸並保持開放的心態。

淺聊（或深談）憤怒

布萊恩觸及自己的憤怒時，他感覺到能量在體內轟隆作響，並體驗到一股暴力的衝動，接著平安度過情緒的爆發期，所有過程都發生在沒有離開椅子的情況下。情緒體驗純屬內在，但表達情緒就不同了，會發生在外部（這是下一章的主題）。

當我說人們須要學習如何充分體驗情緒，總會有人問我憤怒是否例外？憤怒是一種情緒，與其他情緒並無二致，但這個發問本身暗示了一種觀念，表示憤怒這種情緒持續受到大眾誤解。

有許多人誤將憤怒視為不健康的同義詞，視為一種破壞性行為，對某些人來說，僅是提到「憤怒」這個詞，就會讓人聯想起大吼大叫、打人、摔東西等畫面，所有人都在質疑**憤怒有什麼好處**？這很合理，上述行為和其他攻擊性行為、體驗情緒無關，只是透過將憤怒訴諸在某事或某人身上來進行釋放。這種行為又稱為「發洩」，是一種反應，當內心已經沒有空間可以容忍和遏制這種感覺，就必須向外表現出來。這種行為也是因誤導所造成，因為發洩對消除憤怒幾乎沒有任何作用，事實上研究曾重複表明，「發洩」憤怒（例如尖叫、捶枕頭或對他人動手）只會加劇並延長這種感覺[4]，簡而言之，會讓人更加生氣。

學會容忍內心的憤怒，像布萊恩一樣用正念的技巧摸索憤怒。穿透憤怒之後，才能達到另一狀態，才能增加對情緒的掌握，並有能力用有效的方式運用憤怒的情緒，正如釋一行禪師大智慧的激勵之語：「不妨接納自己的憤怒，因為你知道憤怒，你懂憤怒，也可以處理憤怒。你有能力把憤怒轉化為正能量[5]。」

度過情緒的浪潮

「就像大爆炸，對吧？聽起來很激烈，那是什麼感覺？」我問道，希望布萊恩能充分體驗自己的憤怒。

「我能感覺到情緒在我體內流動，像有很多熱能的感覺。」他說。

「請跟情緒共處，讓情緒流動。」

布萊恩安靜地坐著專注於內心，為自己的憤怒留下很大的空間，我好奇他母親在他的情緒之中處於什麼位置，畢竟他正是因為與她互動才產生了這些情緒，所以對布萊恩來說，與母親相關的經驗很重要。「布萊恩，當這些情緒開始浮現，你正在回憶和母親通電話的情景，在你想像中，她會對你的怒火做出什麼反應？」

他停頓一下後說：「我想像中的她一臉吃驚，踉蹌著向後倒退一步。」

「感覺怎麼樣？」

布萊恩停頓片刻探問自己的內心，然後說：「感覺……很有力量。」他嘆了口氣，然後坐直身體說：「我很厭倦被她控制，我不會再忍受了。」

他的態度與過去大相徑庭，因為他對自己的憤怒敞開了心房。布萊恩發現過去從未有過的力量和醒悟，最重要的是，他能充分感受到這種新的存在方式，這樣他才能進一步用這種新的方式過生活。我這麼想著，然後問他：「你內心有什麼感覺？」

「我感覺自己放大，她卻渺小了許多，她感覺起來沒那麼危險了。」他顯得非常高興。

我看得出來，布萊恩坐得挺直，胸膛撐開，臉上充滿光彩，與面談之前的他形成鮮明對比。

「太棒了，你母親在你精神上占有重要地位，這狀況已經很久很久了。」我說。

「那還用說！」他又嘆了口氣後說：「終於解脫了。」

布萊恩已經抵達憤怒浪潮的另一端，我說：「那太好了，讓自己真正感受那股解脫感，深吸一口氣盡情享受吧。」

我們在原地坐了一會兒領略這一刻，但看來布萊恩內心有別種情緒在翻騰，我問他感覺到什麼。

「其實我現在也很難過。」

「是的，我看得出來，讓情緒釋放吧，布萊恩，這也是體驗的一部分。」

「我的意思是，我母親有時很愛刁難人……我現在會覺得如釋重負，是因為我終於可以容許自己生她的氣了，但是……在所有表象之下……我真正想從她身上得到的……是愛。」他說著，眼中充滿了淚水。

看透情緒

布萊恩體驗到情緒的轉化力量，他與憤怒共處，看透自己的情緒直到最後一刻，同時到達全新的另一狀態。他不再因恐懼或絕望而癱瘓無助，而是感覺到力量並決心為自己挺身而出。

當一個人有能力與自己的情緒共處並好好對待情緒，情緒便會讓我們觸及到豐富的內部資源，正如精神病學家暨喬治城大學教授諾曼・羅森塔爾（Norman Rosenthal）在《情緒革命》（暫譯。*The Emotional Revolution*）一書中所述，情緒會送我們「禮物」[6]，例如恐懼會送來智慧的禮物，悲傷會送來療癒的禮物，內疚會帶來悔恨的禮物，羞愧會帶來謙卑的禮物，幸福會帶來成長，愛會帶來親密和連結。且正如布萊恩所發現的，憤怒能帶來醒悟和力量，這些禮物讓我們能以健康的方式前進。

但如果開始感受自己的情緒之後又遠離，這些禮物就無法帶來好處。只是片斷體驗情緒還不夠，要登上那艘船乘風破浪，再一路回到岸邊。

但怎樣算是堅持到底？

從頭到尾感受情緒時，會體驗到一種內在的身體轉變，可能很明顯，也可能很細微，但在某程度上會感覺自由，或者像布萊恩一樣如釋重負。情緒不再苦苦要求傾聽，我們也不再努力抵擋情緒，只是任憑內心的能量自然流淌。無論是憤怒、喜悅、悲傷、恐懼、內疚、羞愧還是愛，在充分體驗真實感受之後，內心會發生轉變，身體會放鬆下來，感覺自己更好、更輕鬆。此外，抵達情感核心後，會體驗到一種個人的真實感，即使經歷的是很痛苦或不愉快的經驗，情緒也會感覺良好，因為我們知道自己正在做或已經做了一件必要之事。

如果嘗試一段時間後，仍然感到不安或者沒有經歷轉變，那麼可能還有更多情緒須要處理。正如心理學家暨哲學家尤金・簡德林（Eugene Gendlin）在他的著作《澄心聚焦》（暫譯。*Focusing*）中所述：「感覺沒有不好，才代表這是最後一步[7]。」所以這表示須要更進一步。

若感覺受困且幾乎感覺不到情緒流動，有可能一直持續關注的情緒其實是自己的防禦機制，潛在的核心情緒則被掩蓋。請試著先擱置更明顯的情緒，看看自己是否能感覺到隱藏在底下的其他情緒。一旦觸及到自己的核心情緒，情緒應該就能開放且開始流動，然後你便可以在後續的過程中看透自己的情緒。

若覺得自己的情緒不易轉變，有可能是因為該情緒的根源可追溯到更早之前的時期，可能與過去未處理的情緒有關，這些感受也須要發現、處理和療癒。例如布萊恩所經歷的悲傷（如本章前文所述），根源可追溯到他的童年。當他努力控制內心翻攪的情緒，也解鎖了一段童年記憶。當年他從學校頒獎典禮回到家，父母卻沒有反應且在情感上缺席，這為埋藏情緒的源泉打開大門，也讓療癒開始。如果你關切的是來自過去、似曾相識或者與當前情況不太符合的情緒，請試試以下方式：在與內心體驗保持連結的同時，讓自己回到第一次產生同樣情緒的時候，把現下的情緒當成通往過去的「橋樑」[8]。當你向內心審視，請留意是否有出現任何記憶、感覺和額外的情緒，並盡量保持與情緒共處的狀態。此時情緒可能開始流動，據此便能開始看透情緒，將情緒帶領到一個療癒和重生的狀態。

有時在一種情緒當中摸索出路時，會發現其中存在其他情緒。正如布萊恩怒火平息後發現自己也感到難過，他因母親的批評行為受到傷害，因她無法敞開心房愛他而痛苦。布萊恩讓自己感受並探索憤怒後，才有辦法承認自己的悲傷，在克服悲傷之後，布萊恩也可能會發現愛的感覺，這就是情緒體驗的複雜性。

以下建議可以幫助你看透自己的情緒。

看透情緒的技巧

- 鼓勵自己與情緒共處，保持開放態度，讓體驗充分發揮。
- 繼續回到情緒上，花時間與情緒共處，讓情緒展開，直到你感覺過程已經完成。
- 如果情緒似曾相識或來自過去，請嘗試把情緒當成橋樑，在與情緒體驗保持連結的同時也讓自己回到過去，看看是否能找出根源。請對任何浮現的記憶、感覺和額外情緒保持開放的態度。
- 探索自己，進入內在傾聽，感受內在還有什麼情緒，問問自己：「就這些嗎？還有更多嗎？還有什麼情緒？」然後讓情緒釋放。

花點時間反思

布萊恩完全度過了情緒浪潮，他的憤怒和悲傷已經過去，接著須要花點時間反思自己的情緒體驗，退後一步看看自己做了什麼事，檢視自己的感受，思考自己學到了什麼。他談到自己有多難面對憤怒的情緒，過程感覺起來有些可怕但也很好，因為他可以更清楚看出自己的童年經歷是何以導致他情緒表達上的限制，但他也可以看出面對恐懼後自己發生何等改變，他接著說：

隨著過程進行，我愈來愈能看出自己一直在退縮，看出自己有多麼畏懼自己的情緒。我沒有意識到自己長期以來背負了多少焦慮，我壓抑自己的感情，填塞自己的情緒，我應該是覺得這麼做可以用某種方式讓自己更有掌控感，但並沒有，情況其實恰好相反。現在我感覺比過去更有控制權，允許自己感覺憤怒的情緒並釋放所有情緒並非易事，但感覺很自由，這麼做讓我感到自豪，因為恐懼不再阻礙我，我**成功**做到了，這讓我對自己充滿希望。我再也不必焦慮，只要繼續努力就能堅定做自己，生命也會漸入佳境。

反思經驗並承認自己做過的事是該過程的重要部分，能幫助我們真正體會這個過程的重要性。我們正在面對恐懼並扭轉困境，我們正在釋放自己，目的是擁有更好的生活。透過反思，我們能尊重這種截然不同的全新存在方式，並將這種存在方式充分吸收到自我意識當中。停下腳步承認自己的進步也會讓我們感覺良好。

就大腦的運作方式而言，反思能使左腦的「理智」功能參與我們的過程，正如僅憑洞察力不足以帶來持久的改變一樣，缺乏理解性的經驗也不行。左腦能幫助我們瞭解並理解自身的經驗，例如反思這段經驗時可以這麼想：**「我非常害怕自己的情緒，無所不用其極來逃避情緒，但當我放慢自己的腳步與情緒共處，情況並不如我想像中那麼糟糕。我正在學習，我可以做到，我可以處理情緒。」**以這種方式反思經驗能結合右腦（情緒體驗）和左腦（理解），並促進新的神經連結發展[7]，這是由下而上過程的「最上層」，有助於重新串連大腦線路。

簡單花點時間來反思和理解經驗並非難事，但能產生強大的效應，前頁的建議可幫助你反思情緒體驗。

反思的技巧

- 找一個安靜的地方反思自己的經驗，先後退一步查看經驗的全貌。
- 回想過程、歷經自己的情緒是什麼樣的感覺，感覺從何而來。
- 對比過去和現在的感受並記下所有變化（例如身體上的感覺、對自己的看法）。
- 在日誌本中寫下經驗，描述對自己的瞭解。

關懷情緒

情緒須要關懷，關懷須要耗費時間。關懷自己的情緒時會與情緒共處，會給情緒所需的空間和關注，會承認情緒的存在，放慢步調，敞開心房去體驗情緒的全部。

想像自己準備觀賞一部情感豐富的電影，你在電影院的座位坐好，卻覺得有點心煩意亂，仍沉浸在自己生活的細節當中。電影開始後不久，時間似乎變得緩慢，過去和未來已然消失，你更加專注看著螢幕上的內容，發現自己真的很專心，積極融入並關心角色。角色危險時會感到恐懼，成功時會感到快樂，溫柔時會感到感動，痛苦時會感到悲傷。電影並非瞬間發生，播放電影需要時間，情節會逐格逐景播放，但如果你能堅持下去並投入到體驗當中，便能踏上一段豐富感人的旅程。

同樣的狀況也可能發生在生活中。當好好對待情緒，當尊重並完全看透經驗，便能將情緒轉化為積極的能量，但即使體驗情緒是個人化的滿足，獨樂樂也已足夠，但人們通常會希望能夠與他人分享，事實上情緒也會促使人們分享。在下一章中，我們將探討如何用更輕鬆的方式表達自己的情緒，並運用情緒與他人建立連結，同時拉近與對方的距離。

章節要點

- 只要能完全感受自己的情緒，情緒就不會永遠持續下去，情緒有起點、中段和結束。

- 我們必須願意看見並接納自己真正的情緒。
- 熟悉內心產生的情緒可以釋放情緒的能量，讓這種能量流動。
- 情緒有多種面向，要感受情緒的複雜性，才能使情緒對我們產生益處。
- 有時最好讓情緒「先通過」。
- 體驗情緒和表達情緒是兩件事。
- 對自己的情緒保持開放並好好對待情緒，情緒才會帶來豐富的內在資源。
- 從頭到尾感受情緒時，會體驗到身體上的轉變，會感到自由又如釋重負。
- 如果能留點空間給某種情緒並努力處理這分情緒，有時也會有空間讓其他情緒得以浮現。
- 反思情緒體驗的方式是強化事後的成果，並重新串連大腦的神經線路。

Chapter 7

第四步驟：敞開心房

總會到那麼一天，與其含苞待放，不如冒險盛開出花朵。

——阿內絲・尼恩（Anaïs Nin）

妮娜鬆了一口氣，她的切片檢查結果為陰性。「不用擔心了。」她的醫生說。

妮娜離開診所時心想：**「我終於可以把這件事拋諸腦後了。」**她想都沒想就掏出手機想打電話給她最好的朋友瑪姬，卻又停住了。她心中突然感到一股煩躁：**「應該是她打給我吧。」**然後收起了手機。

門診前一個週末，妮娜一直非常煩惱，她試圖讓自己分心卻無法停止擔憂，她在腦海裡播放不同的場景，覺得快要崩潰，但可能罹患癌症的恐懼遠不及她感受到的孤獨。她的朋友並沒有如她所願那樣圍繞在她身旁，雖然妮娜對所有朋友都很失望，但瑪姬的缺席最讓她傷心。妮娜曾經覺得，就算所有人都離棄了她，瑪姬也會一直陪在她身邊，畢竟如果角色互換，她也會一直陪在瑪姬身邊，她一直都有做到，但是自妮娜發現乳房有腫塊後，奇怪的是，瑪姬卻疏遠了她。妮娜想著：「**我瞭解這個消息對她來說可能也很難面對，但她有想過我的感受嗎？我才是那個要經歷這件事的人。**」

幾天過去，瑪姬終於打電話來，她很高興聽到妮娜沒事，她想知道什麼時候可以見面聚一聚。妮娜一方面很高興她朋友終於打電話來，但另一方面仍然感到受傷，她想哭，想告訴朋友她很傷心，但她忍住，不敢表達自己的真實感受，怕瑪姬心情不好。

一週後她們共進午餐，妮娜想知道瑪姬是否會提及自己居然那麼不貼心，沒早點打電話來，甚至可能會道歉，但並沒有。妮娜發現瑪姬一直閒聊，這讓她覺得很反感，她差點脫口而出，但因緊張而忍住沒說，她害怕瑪姬會做出什麼反應。「**也許現在不是深入談這件事的時候。**」她合理化自己的決定，然後將情緒壓抑到內心深處。

但她憤怒背後的痛苦並沒有消失，憤怒的四周形成一道牆，保護妮娜不受傷害……也把瑪姬拒於門外。

熟悉的恐懼

妮娜不敢讓瑪姬知道她的感受，如果她能夠誠實敞開心房分享自己的感受，也許瑪姬會理解並道歉，也許她的反應會是防禦、生氣或受傷，也許她們兩人會想辦法度過這個艱難的時刻，並修復破裂的友誼，至少妮娜可能會發現，無論結果如何，她都能應付這場艱難的對話。但妮娜沒有這麼做，她隱藏起自己的感受，繼續感覺到恨意、受傷和孤獨，她與瑪姬的友誼也持續搖搖欲墜。

不願透露自己的真實感受會傷害我們與他人的關係，就像妮娜一樣，選擇不告訴所愛之人自己什麼時候因為對方做過／沒有做過的事情而受到傷害，我們悶著憤怒的情緒或者刻意忽視，希望憤怒會隨著時間推移而消失，我們表現出堅強或冷漠，不願承認自己的害怕。或者我們會升起防禦機制，表現出指責和批評、封閉自我和冷淡疏遠，卻隱藏自己真正的內心。我們不惜一切代價逃避，不願暴露自己的脆弱，害怕遭到批評或拒絕，或者顯得愚蠢和不受歡迎，害怕會失去已經擁有的所有連結。

雖然畏懼自己的情緒是無法向他人敞開心房的部分原因，但其實還有更多內情。

許多人因沮喪和困惑來找我諮商，不懂為什麼在情感上敞開心房對他們來說會如此困難，雖然想讓對方知道自己的感受，卻無法這麼做，因為太可怕了。大多數人認為，恐懼對應的是當前情況，但其實恐懼源於早期的人際環境，責罵或拋棄造成的威脅在過去的環境中曾經真實存在，與照顧者的早期經驗使我們不僅畏懼自己的情緒，也畏懼表達情緒的後果。在某程度上，我們仍害怕分享感受會威脅到與他人的關係，所以會像妮娜一樣壓抑情緒，害怕向瑪姬表達自己的受傷和憤怒。她畏懼瑪姬可能出現負面反應，也畏懼失去彼此之間的親密連結，所以什麼也沒說。

但我們不必這樣生活，對自己情緒的恐懼基於大腦舊的編碼方式，所以可以改變，對他人反應的恐懼也可以改變，只是須要找到方法來面對恐懼，並相信自己可以應付表達情緒的後果，部分原因是我們開始能夠瞭解並體會自己的情緒，也開始瞭解情緒在生活中的重要性。另外的原因是我們知道，只要持續練習，大多數人都能處理自己的情緒，最終也會感謝自己的誠實。

當然，你選擇分享感受的對象在體驗中扮演了關鍵角色，如果他們沒有準備好，無法與情緒共處，或者無法以建設性的方式接收和回應我們的情緒，過程就無法走得太遠。有時分享感受只會讓情況更糟（如果你擔心對方可能無法容忍你的情緒，甚至會引發敵意，那麼我不建議你向對方分享自己的情緒，可能須要向資深的治療師尋求協助），但我們往往會低估朋友或所愛之人接納和理解情緒的能力，因此不敢完全表達自己的感受，甚至不敢嘗試，同時拒絕讓自己變好的可能性。但正如俗話所說：「不入虎穴，焉得虎子。」

當我的諮商者冒險向生命中的某個人敞開心房，他們總會對結果驚訝萬分。他們發現自己有能力與情緒共處，同時看透情緒，情緒並不如想像中那麼可怕，重要的是發現對方也能與情緒共處，同時看透情緒。簡而言之，他們發現了一種與他人建立連結的全新方式。

當然，有時過程不如期望中那樣順利，畢竟人與人之間的關係很複雜，我們無法控制每一次互動的結果，但可以學會盡量放大情緒被聽見及得到正面回應的可能性，可以提高與情緒共處的能力，可以從挑戰中學習和成長。而第一步就是願意敞開心房找出可能性。

分享感受之所以如此可怕，部分原因在於我們不確定該怎麼做，不知道從何開始，不清楚自己想要什麼或需要什麼，不確定用什麼方式傳達內心的想法最好。

難怪我們會如此困惑，如此無所適從，用逃避來應對感受，讓我們無法發展出理解和有效分享感受所需的技巧，但技巧可以學習。本章列出的指導藍圖能協助你在這全新的陌生地帶上行走無礙，也能學到許多實用的技巧，只要透過定期練習，這些技巧可以幫助你順利敞開心房並與他人分享感受。

入門

表達情感的第一步要先理解自己的感受，當願意花時間放慢步調並用心辨別自己的感受，會發現情緒與生俱來的智慧，這也是可以從情緒中獲得的許多「資源」之一，前提是能夠充分體驗情緒。如果願意仔細傾聽情緒的聲音，就會發現內容多到令人驚訝。情緒就像一位睿智的哲人，具備下列能力：

1. 傳遞資訊
2. 提供洞察
3. 給予指導

連結並思考上述每個面向後，就能提高自我意識並加深自我理解，同時瞭解自己的願望和需求，讓自己更有條件做出明智的抉擇，並決定下一步要怎麼做。

在此先深入探討，專注在情緒的智慧時可以學到哪些東西。

資訊

情緒能讓人知道什麼時候狀況順利，什麼時候苗頭不對，什麼時候生活順利，什麼時候不順利。當一個人能夠全面與情緒共處並適應自己的情緒，情緒傳達的資訊通常會簡單而清晰。以下是幾項一般性主題：

- 憤怒能告訴我們在某程度上受到冒犯。
- 愛能讓我們知道某人或某事對我們來說非常重要，也能讓我們知道自己與對方相互連結且彼此深度關心。
- 恐懼能告訴我們處於危險之中。
- 幸福能告訴我們需求已得到滿足，事情發展順利。
- 內疚能讓我們知道自己正在做錯誤的事，也能讓我們知道自己做錯了什麼。

・羞愧是一種訊號，表示自己覺得過度暴露且心虛脆弱。

瞭解情緒的核心資訊是釐清想要如何回應的關鍵第一步，這不是思考情緒的問題，而是連結情緒和情緒內容的問題，為此須要花點時間傾聽情緒所傳達的資訊，例如妮娜的悲傷向她發出訊號，表示有情緒產生了。當她關注情緒並好奇情緒想告知她什麼訊息，情緒告訴她，她覺得朋友統統遠離，而瑪姬除了人間蒸發之外什麼事也沒做，接著她更清楚理解到，為什麼自己會感到如此沮喪。

你可使用資訊工具來瞭解情緒的資訊。

資訊工具：情緒想告訴我什麼？

如果你想知道自己是否想與他人分享感受，請花點時間傾聽情緒的訊息。

・安靜下來，探索內心，專注於自己的感受。

・問問自己的情緒想告訴你什麼，情緒想傳達什麼訊息？情緒想讓你知道什麼？

- 給自己一些空間傾聽答案，讓答案自情緒中浮現。如果沒有立即得到答案，請讓自己繼續敞開心房，這樣答案浮現時才能夠接收到。

洞察

一旦瞭解情緒傳達的基本資訊，下一步要意識自己是否有任何潛在需求須要被看見。如果生氣了，我們的需求是什麼？如果感到快樂，我們想做什麼？如果害怕，怎麼做可以幫助自己獲得安全感？情緒知道什麼對我們最好，也能引導我們找到這些問題的答案。例如，如果茱莉的父親（第四章中茱莉打電話給她父親分享升遷的好消息）表現出那種淡然反應的同時也能夠因為沒有多多支持女兒而自覺內疚，也許他會有改變自己行為的慾望，或者會想要彌補女兒。在第六章中，我們可以看出布萊恩的憤怒讓他意識到自己需要他人的尊重，他也希望母親做出這樣的回應。同理可證，妮娜的傷心告訴她，她須要讓自己體驗朋友不在身邊的痛苦，她希望瑪姬挺身而出表現出同情，也希望瑪姬因沒有陪在她身邊道歉。

如果妮娜能放下防備，承認自己的需求和願望，她可能會願意敞開心房與瑪姬溝通，這麼做更有可能得到她渴望的支持，但她沒有。除了擔心瑪姬的反應之外，妮娜也對自己需要情感支持這件事感到矛盾，她並不是唯一的案例。

許多人認為，任何形式的依賴都是一種軟弱的表現，他們認為身為成年人，應該在情感上自給自足，不需要他人的支持或安慰（更別提承認自己其實需要了）。但即使這樣的論調在西方文化中很受歡迎，但這種思維方式卻與當代對人性的理解背道而馳，正如依戀理論家約翰・鮑比（John Bowlby）曾解釋和大量研究後證實的內容，我們對親密、安全和關懷的需求基於生物學，不僅存在於童年，而是存乎於一生之中[1]。人類成長和繁榮的能力取決於與他人親密相互連結，能夠依賴並運用他人的情感支持稱之為「健康的依賴」，這是力量和恢復力的表徵，而非軟弱。

雖然這樣做可能需要勇氣，但承認自己有情感需求只不過表示我們與常人無異。人類是血肉之軀，我們須要提醒自己這個事實，並用同情的雙耳傾聽內心的意向，畢竟如果連自己的需求都視若無睹，又有誰會在意？否認需求只會讓痛苦永遠持續，最終會持續感到悲傷，一直處在生氣或害怕的狀態，而願望和需求所產生的感受會不斷回頭來找我們，直到我們聽從呼喚並採取解決之道。回應需求和願望可能違背我們吸收的社會訊息，違背在家庭中學到的教訓，或者腦海中聽見的批評聲浪，但這是恢復與自身和他人真實連結的唯一途徑。

你可以運用「洞察工具」來辨識自己所有潛在的願望和需求。

指導

一旦瞭解情緒傳達的訊息，且有能力辨識並承認自己的情感需求或願望，就可以釐清自己**是否**想要回應，以及**如何**回應。有時我們可能在意識到自己的情緒後選擇低調不加宣揚，但不一定要表達出所有情緒才有好處。例如我們可能會因為沒有花更多時間與所愛之人相處而感到內疚，而對內疚的回應是更努力與對方建立連結。或者度過美好的一天後非常快樂，但只要獨自回味這個體驗就能讓人心滿意足。

洞察工具：我想要什麼或需要什麼？

1. 擱置自己的評判，停止批評的聲浪，傾聽自己的感受。
2. 問問自己：我想要什麼？我需要什麼？我內心的渴望是什麼？答案都要來自情緒

體驗。

3. 當你知道自己想要什麼，試著用言語表達出來，看看聽起來是否真實，如果不對請再試一次。不須要很清楚接下來該做什麼，或者如何做到（我們將在下一章中討論），只須承認和接納自己的答案。例如如果妮娜傾聽自己的感受並用言語表達出願望，她可能會說：「我須要瑪姬理解和體會一件事，就是她沒有陪在我身邊我有多麼失望，我希望她為此道歉。」

在其他情況下，情緒會促使人們採取行動，一般來說，這正是情緒產生的原因，正如丹尼爾・高曼在他的著作《EQ：決定一生幸福與成就的永恆力量》（二〇一六年，時報出版）中曾解釋：「所有的情緒本質上都是一種行動的衝動，進化過程灌輸情緒在人類身上，這是一種用來操縱生命的快速計畫[2]。」情緒讓人類做好反應的準備，並像指南針一樣為人指明方向，將自身的能力極大化，讓我們能處理遭遇到的任何事，例如憤怒讓我們準備好保護自己，幸福促使我們敞開心房，恐懼促使我們逃離。一旦有能力意識並體驗自身的情緒，我們就可以做出選擇——無論是否要針對情緒採取行動。

到目前為止，我們的主要重點一直是擴展體驗的能力和與情緒共處，但當下已經來到過程的另一階段，此階段需要不同面向的情緒正念，無論是否要根據情緒採取行動，為了讓自己做出最有利的決定，就要仔細思考自己要如何回應目標。

有時我們可能會選擇簡單聽從情緒的提示，例如悲傷的情緒可能是想告訴我們需要時間釋放傷痛，所以我們照做，放慢步調，反求內心，給自己哀悼的空間。但如果選擇與他人分享感受，往往須要考慮其他因素。問自己一些問題可以幫助你釐清怎樣才是最佳的方式，例如：

- **我的目標是什麼？我想怎樣改變自己？我可以採取什麼行動來實現目標？**目標通常與需求和願望相關，例如我們可能想要更親近所愛之人，因此目標是更深入建立連結，而我們的回應則是分享感受，因為此舉可以幫助我們實現目標。
- **我有難題嗎？分享我的感受有助於解決難題嗎？**例如正如在第六章中所見，布萊恩母親的行為是問題，解決問題的辦法是讓母親知道他無法接受她的行為，不會再容忍她，這個方式也許能改善他的情況。但話說回來，如果他的母親封閉自己的內心，因而無法傾聽他的聲音，情況可能也不會改善。布萊恩須要思考怎樣的回應對他最好，然後再決定自己想如何與母親溝通。

- **我想如何回應？我想做什麼？以這種方式處理是否符合我的個人價值觀？**例如你可能有責備某人的衝動，但憑藉尊重和正直對待他人，同時進行理性討論，可能較符合你的個人價值觀。
- **這是最好的時機嗎？是最好的安排嗎？我應該等到之後再處理嗎？**有時我們須要等待一個更合適的時間或地點來表達自己的感受，例如假設在社交活動中，朋友或伴侶說了一些冒犯你的話，這問題最好還是事後再說，私下再處理。
- **我和這個人相處時有安全感嗎？我信任他／她嗎？他或她會尊重我的感受嗎？**敞開心房時不能少了安全感，我們須先思考自己是否可以充分信任對方，才能冒險坦承自己的感受。披露情感可以建立信任，但有時須要抓住最佳時機，看看結果如何。

有時當把心思放在自己的感受，很容易看出最佳的行動方案，正如暢銷書作家梅樂蒂・碧緹（Melody Beattie）在《選擇：掌控你的生活，讓生活變得重要》（暫譯。*Choices: Taking Control of Your Life and Making It Matter*）一書中解釋：「讓情緒引導我們時，情緒就像魔法一樣，我們自然會知道下一步該怎麼走[3]。」但在其他時刻，要留點空間給自己，讓自己停下腳步、反思並釐清自己要什麼。幸運的是，情緒擁有集體智慧，能為我們照亮前路。

你可以運用本章節中列出的問題來決定該如何進行，此外，「方向工具」將至今介紹過的資訊組合成三步驟流程，你也可將此工具當成指南。

方向工具

1. 安靜下來進入內心，探問自己的感受，問問情緒想告訴你什麼。
2. 傾聽自己的感受時，請留意是否想要實現任何潛在的願望或需求。
3. 確立目標，並花點時間思考最有可能幫助你實現目標的行動方案。

聽從內心的召喚

最後一次與妮娜見面的幾天後，瑪姬去逛了她最喜歡的商店。瑪姬喜歡撿便宜，她平時會和妮娜一起逛街，但妮娜今天太忙沒時間跟她出去，至少這是她的說法。瑪姬在衣架間穿梭，掃視這些衣服最後一眼，想確定自己沒有錯過任何好貨，眼角的餘光中有什麼東西引起她的注意，她轉身看去，心想：**「那件衣服也太符合妮娜的眼光，她會喜歡的！」**

瑪姬停下腳步想看看這件衣服，腦中卻想起當天稍早妮娜在電話中說的話，瑪姬曾試圖忽略，但有什麼讓她感覺不安，妮娜聽起來心煩意亂，說話的感覺很不像她，甚至可能有點生氣，她說她「很忙」且「有事情要處理」，但瑪姬覺得她話中有話，似乎有些不對勁。事實上，她們兩人之間不太對勁已經有好幾個星期了，瑪姬憂心忡忡地在腦海中回溯過去，想知道自己是不是有說了或做了任何事情惹妮娜不高興。

然後她才恍然大悟，瑪姬心想：**「她是不是因為切片檢查時我沒早點打電話給她而生氣？一定是這樣。」**然後也開始生氣。**「她明知道我那陣子有很多事要忙，她為**

什麼要在這件事上小題大作？她什麼事都要杞人憂天，她要靠自己克服啊！」心懷不滿的瑪姬前往結帳，然後走去開車，努力想把這件事拋諸腦後。

事實上瑪姬並不是因為太忙而沒打電話給妮娜，其實妮娜切片結果出來之前瑪姬一直在想著她，很擔心她身體可能有嚴重的問題。如果妮娜得了癌症該怎麼辦？我該怎麼辦？整件事讓她焦急得像隻熱鍋上的螞蟻。

瑪姬把鑰匙插進點火器，但隨著防衛心軟化，她停下了動作，坐著盯著窗外一陣子，思緒飄到妮娜身上，瑪姬心想：「她一定很受傷。」有種下沉的感覺湧上心頭，每當這個念頭潛入腦海，她都會努力逃避沒有陪伴妮娜的內疚感，但如今再也忍不住了。「這次我真的錯了。」她一直帶著這種感覺，想著該如何彌補，然後事情終於有所轉圜。瑪姬坐直身體，一邊發動車輛一邊想著：「這太荒謬了，我得跟她談談。」

言語的力量

瑪姬想通之後，充分利用了自己的情緒智慧，她克服一開始對妮娜的挫敗感之後探索內心深處，發現自己其實是因為沒有陪在朋友身邊而感到內疚，她承認自己「真的錯了」並為此感到難過。瑪姬意識到自己的內疚後受到啟發，想要彌補並修復友誼的傷害，她準備跟妮娜談談，以實現她的目標。

讓對方知道自己的感受是敞開心房的下一步，儘管行動往往勝於雄辯，但除非願意說出口，否則對方無法確知我們內心在想什麼，不會知道我們的感受，也不會知道我們的願望或需求。正如心理學家蘇珊・強森（Sue Johnson）在《抱緊我：扭轉夫妻關係的七種對話》（二〇〇九年，張老師文化）一書中指出：「事實上，如果一個人不完全瞭解自己，或者不讓所愛之人完全瞭解自己，就永遠無法建立真正堅固安全的連結[4]。」將感受訴諸言語，是傳達內心想法和建立情感親密關係最有效的方式之一。

事實上，有時言語正是其中的關鍵。我有一位年長的諮商者最近與我分享，她丈夫在多年婚姻中從未道過歉，雖然他傷害她的時候，她能感覺到他很自責，但她還是覺得親密感遭到剝奪，如果丈夫願意用言語表達自己的感受，如果他願意把「對不起」說出口，應該就可以實現親密感。同時，這個女人也無法對丈夫坦承她的感受，無法向他索要需求，可悲的是，即使他們已經結婚這麼久，兩人還是很難對彼此更深入地敞開心房。

儘管這對夫妻的經驗看似極端，但並不少見。有許多人難以表達自己的真實感受，因為不習慣從內心更深、更核心的地方表達，也不確定要做到這一點需要什麼。許多人不知何以認為，表達感受只不過是把感受從胸部或身體系統中釋放出來，但敞開心房其實與此大不相同。敞開心房不是發洩，而是用一種引導性的言語來表達出內心的感受及需求，主要目標是能夠用一種尊重自己，**同時也**尊重對方的方式表達自己。

表達自己

表達自己的第一步是陳述感受，前文已經探討過這個主題。實際上，你在「第五章」曾學過表達感受的指導原則，這些原則也可適用於此處，例如在說出情緒體驗時，最好簡化句構並堅持使用兩到三個字的短語（例如「我難過」「我生氣」「我害怕」等等）。簡短的陳述可以產生強烈的效應，幾乎沒有多餘的解釋空間，畢竟好不容易鼓起勇氣敞開心房，絕不會有人希望產生不必要的混淆，為此，請使用涉及基本情緒的詞語，避免使用模糊或籠統的詞語，例如「好」「壞」或「心煩」，諸如此類的含糊詞語會使聽眾難以與情緒連結，也無法清楚瞭解你的情緒狀態。同樣，也請避免落入常見的陷阱，不能只論及**想法**而不說出**感受**，請記住，如果發現自己在「我感覺」

之後說出「好像」或「自己」這類的贅詞，你表達的很可能是一種觀點、判斷或想法，而非感受。想法當然可以說，但不是在表達感受的時候說。

下一步是承認自己為何會有這種感受，這部分通常與生活上的挑戰（例如所愛之人生病、沒有得到自己想要的工作、思念好友），或者與某人的互動有關（例如朋友或所愛之人說了或做了什麼讓你感到憤怒、悲傷或帶有威脅性的事）。如果是後面的情況，重點是對自己的情緒負責，不要責備或批評對方，儘管這個人可能是引發情緒的關鍵人物，但最終這畢竟是你的情緒，不是別人該負責。

目標是用某種方式傳達自己的感受，盡量別讓對方產生防禦的機會，同時也增加對方傾聽你感受的可能性，請以第一人稱說話並使用「我」來陳述，此舉能讓這個體驗代表自己，也能讓這次溝通限於個人。此外陳述重點時要對事不對人（例如可以說「你打斷我時我很生氣」，不要說「你讓我很生氣」），這樣對方會比較願意接受。在此分享一個很實用的經驗法則。假設是對方要跟你表達這件事，你會希望對方怎麼說？

接下來，陳述中也要納入自己的願望或需求，這樣效果才會更好。有時願望或需求可能微妙隱晦，例如你可能只是在尋找一個有同理心的肩膀來依靠，只是想要聊聊自己的經驗並獲得對方支持。但在其他狀況下，你表達出來的需求可能要更為明確，例如可能必須直接要求對方安慰、尊重界線，或者給予認可和確認，這部分可能深具挑戰性，因為這表示你得承認自己很脆弱且很需要對方，但請換個方式想：一般來說，朋友和所愛之人都會想要幫助我們，只是常常不確定我們想要的是什麼，除非我們能告訴對方，否則他們怎麼會知道？當用言語表達出願望，也是在為對方提供實用的引導，讓他們更知道該如何做出回應。至此討論過的指導方針也適用於此——具體說明需求；簡化陳述；使用「我」來陳述（「我希望你……」「我想要你……」「如果……我會很感激你」）；用尊重和不帶譴責的方式來溝通。

為了讓讀者瞭解這三個步驟的實際效果，我們以第六章中的布萊恩為例，如果布萊恩想讓母親知道他的感受，他可以這樣說：「媽，母子關係對我來說很重要，我不想為了保持禮貌讓我們的關係變得更加疏遠，妳的批評讓我很生氣，如果妳能對我的感受敏感一點、尊重我一點，我會很感謝妳。」布萊恩一開始先讓母親瞭解他很重視他們母子之間的關係，然後陳述自己的感受，解釋自己為什麼會有這種感受，並提出要求來改善這個情況。

想要敞開心房，這些步驟的目的是引導，而非一成不變的規則，也不必在自己還沒準備好之前就開始這個過程，畢竟在情感溝通的領域中有彈性空間，請慢慢來，準備好了再開始執行。你可能想要大聲表達自己的感受，想傾聽情緒的聲音和內涵，可以先練習適應情緒，請練習把情緒寫下來，寫到切中感覺為止。重要的是最後要找到某種方式來描述經驗，過程中可能會犯錯，可能很難找到恰當的遣詞用字，可能須要砍掉重練，但這就是建立和改善溝通技巧的方式，也是學習表達自己，找到辦法與他人建立連結的方式。

正念溝通

即便做足準備，向他人敞開心房可能仍然很可怕。我們總會擔心表達自己的感受會引起負面反應並危及人際關係的安全，敞開心房則讓我們直接面對這分恐懼。但歸根究底，唯有表達感受才能消除恐懼。幸運的是，藉助某些方式可以消除恐懼，也讓過程更容易前進，雖然理解恐懼是過去的殘片有助減少恐懼的強度，但練習情緒正念才是真正能緩解恐懼的方法。

首先你須要停下腳步，刻意創造出敞開心房的時間和空間，否則就無法開始。如果你繼續過生活，就會錯過與他人建立連結的寶貴機會，或者只是匆忙度日，無法好好體驗這個過程。你須要按下「暫停」鈕，從忙碌的生活中解脫出來，留出一點空間來解決、體驗並分享自己的感受。不須刻意為之，畢竟這過程可能發生在任何時刻，可能是散步、晚餐、開車時，可以特意找一天，也可以讓這件事自然發生，幾乎所有時刻都有可能建立更深層次的連結，只要你下定決心實現，然後抓住眼前的時刻。

下一步，請用前文學過的方法，放慢步調並關注自己的體驗——專注於呼吸，用正念技巧觀察每時每刻的體驗，並提醒自己放慢步調。

關注身體上的體驗可以讓你充分鎖定當下的感受（例如感覺到腳放在地上，坐在椅子上。注意所有身體上的感覺），讓注意力回到身體上時也請注意其他面向的體驗，可將注意力從留意內心狀態轉移到對方的反應，以及彼此間的變化，將注意力重複轉移到彼此間的變化能讓你更深入此時此地，從而降低恐懼帶來的壓抑。

說話時不慌不忙並放慢速度可以平靜下來，同時深化與自己的連結。當興奮或感到焦慮，通常會說話很快，至少我知道我一定會，這種情況就像所有匆忙的時刻一樣，會讓人更難把握情感中心，也增加了焦慮。放慢說話速度可以讓人有更多空間來感受，同時有意識地反思自己說話的內容，讓我們能真正發自內心表達。慢慢說話很簡單，但可以產生強大的成果。

眼神交流也能更直接融入情境，雖然有時會讓人備感壓力。因為害怕會在對方臉上看到什麼表情，所以把目光移開，但這樣做也同時錯失了面對恐懼和反駁恐懼的機會。在我輔導伴侶關係的過程中，當諮商者鼓起勇氣直視對方的眼睛，常常會驚訝地發現自己看到的景象與預期相反，他們看到的不是鄙視，而是同理；看到的不是憤怒，而是脆弱；看到的不是恐懼，而是同情。當他們真正努力接納對方，當下的現實也會變得更加清晰，過去的恐懼開始消退，他們開始看出分享感受未必有那麼可怕。眼神交流有點像是幫孩子打開衣櫥裡的燈，目的是向孩子證明衣櫥裡其實沒有可怕的怪物。當然這很大程度取決於我們選擇向誰敞開心房，但就算對方出現不自在或焦慮的反應，至少我們知道自己有能力處理對方的不安，沒有什麼可畏懼。

眼神交流還有其他好處，能讓我們感覺更接近對方，並協助兩人在情感上「同步」，當我們看到對方哭、笑或生氣，在某種程度上會共享這種經驗，也能感受到對方的情緒。儘管我們早就知道情緒具有傳染性，但義大利帕爾馬大學神經科學家賈科莫・里佐拉蒂（Giacomo Rizzolatti）及其同事近期的研究已經確立這種現象背後的大腦機制，研究人員發現，觀察他人的情緒或行為時，大腦中稱之為「鏡像神經元」的神經細胞會放電，讓我們感覺自己好像也正在做或經歷同樣的事情[5]，例如當看到一個人處於憂傷之中，大腦中的「憂傷區域」也會啟動，讓我們也感受到相同的情緒。當進行眼神交流，當敞開心房向對方坦承感受，就會增加對方理解和同情我們經驗的可能性（反之亦然）。

踏出第一步可能是最困難的，但儘管有時可能會感到不安，還是要踏出這一步，正如暢銷書作家蘇珊・杰弗斯（Susan Jeffers）的建議：「再害怕還是要面對[6]」，你可以運用「正念溝通技巧」來進行。

正念溝通技巧

敞開心房分享自己的感受時，請運用以下技巧：

- 讓注意力回到身體上，注意到自己的腳放在地上，人坐在椅子上，開始感覺焦慮時，請把注意力帶回原處。
- 慢慢說話，讓自己與說出來的話保持連結。暫停一下，思考自己說話的內容，試著感受這些話源自內心的中心位置。

- 不帶評判地觀察當下的狀態，請好好留意自己有什麼感覺，與對方之間發生什麼變化，以及對方如何回應。
- 直視對方眼神，注意在對方眼中看到的情緒，如果無法確定對方在想什麼，請直接請對方說清楚。

畢竟沒有那麼困難

妮娜在咖啡廳深處找了一張空桌，面朝門口坐了下來，這樣瑪姬到了她就能看見她，她喝了一口茶試圖放鬆。妮娜剛收到瑪姬的訊息時鬆了一口氣，瑪姬在訊息中建議要找個時間見面「談談」，但如今隨著見面的時刻逼近，她卻焦慮了起來。她有段時間曾想找瑪姬談談，想讓她知道自己有多失望，但卻一直拖延。

妮娜抬起頭看見瑪姬朝她走來，她的心跳加速，深吸一口氣，努力讓自己冷靜，她心想：「要開始了。」

過沒多久，剛開始的閒聊開始後繼無力，突然間她們發現兩人面對面坐著一語不發，於是瑪姬溫柔開啟話題，她說：「嗯……我一直在想妳是不是怎麼了？我的意思是，我不知道妳的感受，但我們之間感覺起來就是不太對勁。」

「是……我知道，是不太對勁。」妮娜承認，起初口吻帶有一些試探性。「我……我一直想跟妳說些什麼，我不知道，拖的時間愈久，我就愈說不出口了，妳知道我怎麼能……」妮娜差點要滔滔不絕說下去，當下的情緒快要從她身上消失了，但她停頓一下，努力放慢說話的速度，靜靜坐著看著瑪姬，情緒開始浮現時，她的眼裡也充滿淚水，她深吸一口氣說：「嗯，我做切片檢查那陣子妳沒有陪在我身邊，我真的覺得很受傷，我的意思是，妳是我最好的朋友，而且……」她的聲音開始破碎，低下頭時悲傷破冰而出，她開始哭了起來。

瑪姬伸出手碰觸妮娜的手臂。「我真的很抱歉。」她說。

妮娜抬起頭來，她倆的目光相遇，瑪姬看起來很痛苦，眼裡也噙著淚水。

瑪姬繼續說：「我不知道該說什麼。我真的找不到藉口可以幫自己開脫，我想這件事有點嚇到我了，我的意思是……如果妳出了什麼事我該怎麼辦？」

「我知道，我有猜到，但這件事也嚇到我了，當時我真的很需要妳。」妮娜看著瑪姬的臉，看見她眼中的悔恨，內心的傷害和憤怒開始消退。她說：「我真的很想妳。」

「我也想妳。」

愈來愈好

敞開心房可能很困難，但不必一次全部完成，可以先從小處著手，每次都進步一點，努力表達自己，可以先從承認自己的脆弱開始，你可以說：「這讓我感覺很尷尬，我不習慣用這種方式說話。」然後從這邊開始繼續說下去。

取得進展的關鍵是逼近自己的不安情緒，每次多一點，一旦開始感覺比較舒適了，就再向前邁出一步，看看是否可以延長眼神交流、安靜坐著、傾聽對方說話、與自己或對方的情緒共處的時間，每次都鼓勵自己再撐久一點，隨著時間過去，敞開心房和與情緒共處的能力也會擴展。

表達感受感覺起來可能很有挑戰性，尤其是出現難以面對的情緒時，當過程變得困難，你可以仰賴正念技巧來幫助自己堅持到底。想退縮或退出時，請繼續將注意力拉回當下，花點時間注意自己身體上有什麼感覺、對方有什麼反應、你們之間有什麼變化，讓自己深入此時此地。矛盾的感覺無可避免，因此解決矛盾很重要。當揭露真實自我，見證自己可以與對方保持連結，信任和親密感也會隨之增長，即使過程非常困難。

敞開心房分享情緒是一個終生的過程，不斷練習能讓這種溝通的方式變成習慣，練習愈多，成果就會愈好，過程也會變得更為容易。

與他人分享感受也能最大程度提高解決問題的機會，我們開啟了內在的大門，通往更親密、堅固的連結，在這裡可以解決憤怒，可以緩解悲傷和恐懼，可以更深入分享愛。表達內心情緒也是尊重自己和所愛之人的行為，同時能創造出真正想要的關係。

章節要點

- 人類對親密、安全和關懷的需求基於生物學，且存乎於一生。
- 情緒可以幫助自己看出需求和願望，也能讓自己變得更好。
- 將感受訴諸言語是傳達心聲最有力的方式之一。
- 與照顧者的早期經歷讓我們害怕在生命中敞開心房。
- 害怕表達自我可以透過實踐和經驗來克服。

- 意識到自己的恐懼時，情緒的智慧會告知並指引我們做出選擇。
- 表達感受和需求時應讓訊息保持簡單明瞭，使用「我」來陳述，並用一種尊重自己和對方的方式進行溝通。
- 放慢說話速度並專注於當下，可以更容易管控敞開心房的過程。
- 放慢說話速度能將自身與情緒連結起來，讓情緒的表達發自於內心。
- 眼神接觸能消除恐懼，讓我們感覺更親近，並讓對方更容易理解訊息。
- 勇敢逼近自己的不安，每次向前一步，敞開心房的能力就會擴展。

Chapter 8 融會貫通

只有在寒冬中，我才知道自己心懷無敵的夏天。
——阿爾貝・卡繆（Albert Camus）

行文至此，我們已經一一探索過克服情緒恐懼症的四個步驟，現在是時候融會貫通了，我們將在本章重溫過去的個案，檢視這些人如何在生活中運用和實踐這四個步驟和所有技巧。

亞歷克斯：悲傷的禮物

亞歷克斯向後退了幾步仔細看著聖誕樹，發現有一個空缺的地方尚須掛上一、兩個裝飾，他查看地板上雜亂的盒子，看到一個盒子上還蓋著蓋子。**「我知道還剩下幾個。」**他一邊想，一邊拿起盒子坐在沙發上看。他打開蓋子，立刻認出是他和太太幾年前在緬因州度假時買的裝飾品，他正要大喊在另一個房間裡的太太，突然有什麼東西引起他的注意，那是他小時候在學校做的陶瓷雪人。他記得他把陶瓷雪人送給父母那天的情景，他對這個作品很自豪，母親的反應很浮誇，之後每一年，她都會把陶瓷雪人掛在聖誕樹上，語帶甜蜜地說雪人是她最喜歡的裝飾品。

亞歷克斯的心很痛，儘管父母不幸去世已經好幾年，但節日對他來說仍是情感上的難關，似乎是一年當中他最思念父母的時候。他喉嚨一緊淚水湧出，太太走進房間時他有一股想起身裝忙的衝動，他本來就很難在她面前示弱，但他已經厭倦壓抑，想要跟太太更親近。亞歷克斯低頭看著那個裝飾品片刻，深吸一口氣，努力讓自己的神經稍稍平穩下來，然後看著太太。

「怎麼了，艾爾？你還好嗎？」她問，他臉上流露出的痛苦神色讓她非常擔憂。

「嗯，我父母，我只是想起了他們。」他承認，然後又低下頭。她坐在他身邊用手臂環抱他，亞歷克斯正想告訴她這個裝飾品的故事，但卻阻止自己說出口。太太的出現讓人安慰，他感覺自己好像快要要融化了，可以感覺到自己內心的悲傷在升騰，他沒有像過去那樣壓抑悲傷，而是採取不同的方式。他坐在沙發上稍微轉換一下身體的重心，讓感覺回到身體上，然後深吸一口氣。他告訴自己：「**放開心胸吧。**」然後慢慢呼出一口氣讓情緒通過，他心中的悲傷爆發，眼淚順著臉頰流淌下來，他哭得撕心裂肺，太太揉著他的背。

事後，他們兩人手牽手靜靜坐在一起，亞歷克斯想起剛剛發生的事，想起自己是如何放鬆警戒向太太敞開心房。自己怎麼會哭得這麼慘？但現在真的感覺好多了，方才的悲傷已經過去，隨之而來的是一種如釋重負的感覺。現在他想起父母時，感到的不是悲傷，而是溫暖和連結。

亞歷克斯看著太太，那一刻他覺得自己離她好近，他的眼裡充滿淚水，但這次不同了，那是感激的淚水，不是悲傷的淚水。他的內心鼓脹，捏捏妻子的手溫柔說到：「妳知道嗎，我真的很愛妳。」她深情地笑著說：「我也愛你。」

＊

亞歷克斯的經驗相當簡單，他自覺悲傷，也意識到自己逃避的衝動，但他沒有退縮，而是讓注意力回到身體上，深吸一口氣讓情緒通過。接著他反思自己的經驗，發現摸索內心悲傷的情緒竟然將他帶往正向的狀態，感覺與太太和父母的連結更加緊密。

他的內心曾經只有痛苦，現在則充滿了愛和感恩，他正在改變自己與情緒的關係，也改變了與大腦的關係。

我們經常擔心讓悲傷通過會讓情況變得更糟，會更懷念曾經失去的一切，但其實恰好相反。釋放悲傷能帶來安慰和療癒，有時甚至帶來快樂，尤其能夠分享悲傷時。釋放悲傷能驅散痛苦和傷感的烏雲，讓我們看見內心溫暖的愛的感覺和記憶，也更容易與這些情緒和記憶建立連結。

蘿倫：與恐懼為友

蘿倫放下書，她本以為自己可以把書看完，卻無法停止去想昨天與男友尼克的對話。尼克時不時會在口頭上說說，讓她相信他打算娶她，但每次蘿倫想直接討論這個話題時他就會逃避或退縮。最近兩人的對話狀況似乎變好了，有嗎？現在她也不太確定。她在腦海中回想，想起雖然當時尼克的語氣聽起來很篤定，但他並沒有正面回答未來的任何問題。

蘿倫開始不安。

她心想：「我知道他害怕，他父母的婚姻狀況不穩定，婚姻讓他很恐懼，他可能擔心我們最後也會走上同一條路，也許我只是不夠有耐心，也許我須要再給他一點時間，他就會讓步，也許我……」蘿倫警覺到了，她意識到自己又在找藉口，又要陷入思考而不傾聽自己的感受。事實上，無論她多麼努力，尼克在他們在一起的兩年裡都沒有「讓步」。他不僅在他們的關係中苦苦掙扎，也受困在一分不喜歡的工作中，停止與家人溝通，也不顧自己的健康狀況。最近蘿倫一直鼓勵他去找心理治療師，希望能幫助他處理讓他人生停滯不前的所有問題，但他似乎無法採取行動。

蘿倫坐了起來，感覺自己有一股動力，想用更深入的方式與自己相處，她將注意力從腦海裡的雜音中移開，努力關注內心的感受。一開始她什麼都沒發現，但當她把注意力轉到自己身體上，卻發現胸口有點緊繃。她專注於這個感覺，努力與經驗共處，她還注意到自己心臟跳得很快，感覺有點顫抖。蘿倫把注意力轉移到愉快的畫面，試圖讓自己平靜下來，她想像自己站在湖邊，站在碼頭上聽著海水的拍打聲，聞著新鮮的空氣，她在這個經驗中停留片刻，然後重新專注於身體上的感覺。

她關注自己的內心體驗，意識到內心深處感到害怕。她害怕尼克永遠不會改變，即便他們真的結婚了，他也永遠不會真正去處理自己的問題，如果他不願意照顧自己，她要怎麼依靠他照顧一個家庭？

蘿倫開始哭泣，意識到痛苦向她襲來，她愛尼克，但光靠愛似乎不夠，尼克到目前為止完全沒有任何作為，如果他不打算努力擺脫困境，他們的關係永遠不會是她想要的。面對感受和傾聽自己的心聲都需要勇氣，她的心很痛，尼克身上有太多她愛的特質，如果他們之間沒有結果，她會很想念他。

雖然一想到分手並重新開始人生讓她很痛苦，但很長一段時間以來，她第一次感覺到心中有種大徹大悟的感受。她心中還有別的追尋，她不確定自己能不能和尼克或其他人一起去發掘，她想讓自己過得更好，但她不願意也不想犧牲這個夢想，她知道自己必須尊重內心恐懼的心聲——因為她最終還是想要且須要從一段關係中獲得更多，才能獲得真正的快樂。

蘿倫擦乾眼淚，下定決心告訴尼克她的感受，先看看他怎麼回應，然後再想清楚下一步該怎麼走。

*

蘿倫先意識到自己總會迷失在思緒當中，接著將注意力轉移到身體上，透過視覺化的技巧讓自己平靜下來，然後重新關注自己的內在體驗，同時辨識、面對並利用自己的核心恐懼。她在過程中瞭解到一件事——接近恐懼而非遠離恐懼，對自己有很大的益處。

當放慢步調與情緒共處，恐懼算是一種挑戰性很高的情緒，尤其因為恐懼會讓人想要逃離。但恐懼的產生常常是為了告訴我們須要留意某些狀況，試圖消除恐懼有時是個錯誤。我們總是告訴自己反應過度，或者想把大事化小，粉飾太平，說「沒什麼大不了」，表示自己處理得來，一旦這樣做，其實是錯失了內心的重要訊息。

儘管必須將理性思維納入評估過程，同時評估恐懼是否與此時此地相關（畢竟我們知道舊杏仁核有時不一定正確），但我們須要先傾聽恐懼的情緒想要告訴我們什麼訊息。正如蘿倫所發現，當她關心自己恐懼的情緒，情緒也能為她提供重要資訊。情緒能告訴她與尼克的關係狀態，也能告訴她該如何選擇人生伴侶。如果她能適應自己的情緒，就能讓情緒引導她踏出下一步。

茱莉：留點空間給喜悅

茱莉的老闆在散會時把她拉到一旁，他說：「我只是想告訴妳，我非常激賞妳處理這個專案的方式，如果不是妳，我們沒辦法拿下這個客戶。」

「嗯，團隊也很值得表揚，我們都很努力達到目標。」她回答，這種讚美讓她有點不自在。

「我知道，但是在妳的領導下才能達到，妳是統合團隊的人，妳對這個部門來說是非常重要的資產，有妳真好。」

「嗯，謝謝，我也很高興能貢獻己力。」她笑著說。

茱莉克制情緒快步走回辦公室，她關上門，在沒人看見的情況下因勝利的喜悅而跳起舞來。她已經在這職位上工作好幾週了，工作表現再好不過，茱莉感覺到一股能量湧動，突然間又感到不太自在，她把情緒抽離並想著：「**好了，好了，不要失控，還有很多工作要做。**」她整理好外套，在辦公桌前坐下，努力專心工作。

那天晚上，茱莉坐火車回家，回想起這一天發生的事，感到一種快樂的感覺在她身上跳動。她轉移注意力，開始在包包裡翻找。她留意到自己的行為時心想：「等等，這很重要，我得真正體會自己的情緒。」她放下包包閉上眼睛，鼓勵自己多花點時間來感受正向情緒。她想起與老闆的互動，她記得他說：「妳對這個部門來說是非常重要的資產，有妳真好。」茱莉笑了，她感到一股溫暖震顫的感覺開始從她上半身散發出來，就像早晨的陽光開始照亮房間。

接著她不知何以感到一陣悲傷，茱莉有點驚訝地想：「這就怪了，我為什麼要難過？」茱莉很想忽略自己的感覺，但她沒有這樣做，她放慢自己的步調，讓心房繼續敞開。當她專注於內在，發現悲傷在增長；她與情緒共處時，悲傷把她帶回痛苦的回憶中。她看見年輕時的自己，經歷失望和傷害。她的父親是個長期酗酒的人，從不承認她的成就，多年來，茱莉一直盡其所能想引起他的注意，即使是能顯露對女兒的一絲自豪都好，但他傳達出來的只有她不夠好的感覺。隨著年齡增長，茱莉努力想把父親忽視她所帶來的痛苦拋諸腦後，卻沒有絲毫改善，痛苦仍在內心徘徊，只要她身上有正面的事情發生，這分痛苦就會隨時回頭給她一擊，也許這就是為什麼她很難讓自己真正享受成就。但父親不認可她的痛苦還隱隱潛伏在心中的情況下，她如何能慶祝自己的成功？茱莉望著窗外，乘著一股悲傷的浪潮輕聲哭了起來。這不是一次愉快的經驗，不是，事實上很痛苦，但感覺起來也很真實、誠實。

茱莉到站時，內心有某部分已經發生變化，雖然她與父親相處的經驗肯定讓她產生更多情緒，但在那一刻她感到輕鬆平靜。她想著心中浮現的是什麼感覺，還有這些感覺為何深具意義，其實不是快樂讓她不安，而是每當自己得到他人的肯定，都會觸發表面下所有沒有處理的痛苦和失望。茱莉對自己產生一股同情，因為她現在更清楚知道了為什麼享受成功對她而言會如此艱難。

隔天，茱莉搭火車上班時想起自己昨天的表現有多好，她想起自己順利完成簡報，後來還在辦公室裡跳起勝利之舞，記憶激起她的微笑，一股暖暖的震顫感從她心底蔓延到身上每一個角落，她讓自己好好接納這股情緒，因為這股情緒在她體內停留的時間比平時更久。

*

茱莉總是阻止自己充分體驗快樂，這件事她本來沒有自覺，她沒有意識到自己低估老闆的讚美或者縮短興奮感背後的原因為何，但後來她發掘內心並留給情緒一點空間，發現敞開心房讓悲傷釋放就能找出阻礙自己前進的原因。她可以開始治療自己的痛苦，不再無法與快樂共存。

茱莉難以接受讚美，也無法為自己的成就感到驕傲，這問題很常見，雖然解決這個難題可能只須讓自己感受情緒即可，但有時就像茱莉一樣，這個問題也可能揭露許多過去沒有解決的情感問題，某些須要關注和關心的問題。過去未完的情緒問題可能很難處理，也許可以靠自己摸索，但也可能會發現自己停滯不前。有時，尋求受過訓練的專業人士幫助可能會有用，如果你有興趣尋求進一步的協助，書末的附錄中也概括了許多治療和指導的資訊。

布萊恩：探索關係修復之路

「這裡有一個位子！」布萊恩對他的伴侶艾瑞克說，他們繞著停車場想找個停車位，距離演出開始還有十分鐘，他們還得去取票。艾瑞克一踩油門衝上前想搶停車位，差點撞上轉角開來的另一輛車，他猛踩剎車後做了不恰當的行為，他按了喇叭。布萊恩眼見對方司機看起來很生氣，便對艾瑞克大吼：「不要按喇叭了！」然後相當嚴厲地說：「你是怎麼了？你是不是想讓我們被某個白痴揍一頓？」

他們趕往劇院時布萊恩可以看出艾瑞克在生他的氣「很抱歉我剛剛失控了。」布萊恩說。他在兩人走進大廳時試圖求和：「剛剛的事簡直把我嚇壞了。」

但艾瑞克並沒有氣消。「對，好吧，你最近對我很挑剔，我有點受不了你的行為了，省省你的批評吧。」他一邊說，一邊遞給布萊恩一張票，然後逕自消失在劇院中。

艾瑞克的話在他耳邊響起時，布萊恩站在原地不敢置信，然後他想著：「**去死吧，我本意是想跟他道歉。**」然後他憤怒地走到座位上。

布萊恩試圖專注於表演上，但無法停止回想剛剛發生的事，他持續在腦海中一遍又一遍播放那個事件，一想到艾瑞克回應他道歉的方式，他就勃然大怒。布萊恩心想：**「他該死的也太敏感了吧，所以他指望我有什麼反應？他對那個人按喇叭的時候到底腦子在想什麼？如果他想當個幼稚鬼，那很好啊，隨便他。」**

中場休息時兩人都還怒氣沖沖，幾乎沒有說話。

第二幕的某個時間點，布萊恩開始軟化，因為他感覺到自己的憤怒可能是防禦機制，他愈來愈瞭解自己很容易一意孤行然後孤立疏離對方，為的是壓抑更脆弱的感覺。布萊恩決定敞開心房超越憤怒，看看內心還有什麼情緒，他想起艾瑞克說他最近很愛批評人，開始懷疑這是否是真話。

其實最近幾週布萊恩的工作壓力異常巨大，而布萊恩從來也不算好相處的人，事實上他很難相處，而且不擅於處理壓力。他進一步誠實審視自己時回想起另一件事，想起自己曾讓艾瑞克很不好受，一陣羞愧的浪潮湧上心頭，布萊恩的胃裡產生一種噁心感，他想：**「我真是個白痴。」**他感覺自己快要陷入自我批評和絕望的黑洞，這正是他習慣的反應。他深吸一口氣在座位上挪動姿勢，讓注意力在當下回到身體上，心中的羞愧感在那瞬間變得更加強烈，但隨後又開始消散，另一種感覺油然而生，布萊恩心想：**「我不是白痴，但我真的一直表現得像個白痴。」**他閉上雙眼，罪惡感從他身上蔓延開來，他努力想度過情緒的難關，很自責自己為什麼要用這種態度對待艾瑞克，他是自己深愛的男人，他想要彌補，現在他知道自己該怎麼做了。

在回家的車上，布萊恩鼓起勇氣敞開心房。「我們可以談談嗎？」他問。

「當然。」艾瑞克回答的語氣仍有一絲不悅。

「嗯，我一直在想你說的話……你說我最近很愛批評你。」布萊恩如鯁在喉，他深吸一口氣然後繼續說：「你說得對，我的行為一直像個混蛋，工作一直讓我壓力很大……呃……我想你一直在承受我的負面情緒，我對此很自責……而且我真的很抱歉。」

艾瑞克看著布萊恩，從他眼中看出了懊悔，他嘆了口氣然後說：「謝謝。你這麼說對我來說意義重大。」

那天深夜，布萊恩躺在床上想起晚上的事，可以開始用不同的方式處理事情的感覺很好，過去的他會陷入爭辯，表現得彷彿並不在乎，或者關上心房冷漠以待，但這次他能夠認清自己的情緒，並嘗試用新的方式處理。自己對待艾瑞克的方式讓他很內疚，儘管他很難面對這分罪惡感，但他可以看出對情緒保持開放態度讓他能夠克服內疚，最終彌補對方。布萊恩看著很快就在身邊睡著的艾瑞克，並摟著他把他拉到身邊。

*

布萊恩過了一陣子才意識到自己對艾瑞克的憤怒反應是一種防禦機制，他最終放下戒備時，潛意識才開始流動，幸運的是，布萊恩意識到內疚和羞愧的區別，並及時阻止自己陷入羞愧當中。請記住，內疚是對事不對人；羞愧是對人不對事。一旦能辨識、接納並感受自己的內疚感，就有動力去彌補。

有時過程就是這樣，事件觸發了我們，我們再反射性做出回應，卻沒有意識到自己在防禦，在這個當下，實踐情緒正念非常重要。如果能與經驗共處，留意自己的情緒並對所有情緒保持開放和好奇的心態，就能擺脫防禦性反應並與核心情緒建立連結。愈能用這種方式與內在體驗建立連結，就愈容易進入更好的狀態。

凱特：成長是為了快樂

正當健行之旅接近尾聲，凱特想著稍早到底是怎麼了，她停步和朋友們一起欣賞風景，不知為何卻開始感到焦慮，凱特心想：「這完全是我的典型反應，我一直很努力工作，現在當我有機會放鬆和享受，卻做不到。」她正要開始厭惡自己，但她知道這只會讓感覺更糟，所以她決定釐清自己的心態。

當天稍晚，凱特坐在泳池邊，想著早上健行時的感覺。她在腦海中回溯這段經歷時注意到自己的胸口開始緊繃，她努力把注意力留在這股不安的感覺上，想知道自己到底是怎麼回事。凱特向內心集中注意力，注意到自己的腳也在發麻，而且很難保持不動。她把手放在心臟上方深呼吸，努力讓自己平靜下來，隨著焦慮感的減輕，她開始意識到胃裡有股噁心感，她想知道那是怎麼回事？自己是生病了嗎？是吃壞肚子了嗎？她想起前一天晚上跟朋友一起去的餐廳，想起晚餐時的談話，然後意識到自己的思緒正在飄離。凱特把注意力重新轉移到胃部不適的感覺上，努力把注意力留在這個感覺上。起初她認為這可能是一種羞愧感，但進一步檢視後意識到，這次的體驗並不相同，於是她頓悟到，自己原來是覺得內疚。

凱特很好奇地想：「**內疚？我為什麼要覺得內疚？**」她回頭檢視過去幾天，想知道自己是否做錯了什麼，但沒發現什麼特別的事。她重新專注在這個感覺上時覺得有股熟悉感，彷彿來自遙遠之前。她維持專注讓思緒回到過去，看看自己會發現什麼。凱特回到小時候，她母親患有殘疾，經常遭受嚴重的身體疼痛。凱特記得有次她和弟弟玩耍時有點得意忘形，畢竟孩子總會這樣，母親那天一定是身體特別不舒服，因為她很不高興，責罵姐弟倆是來製造她的痛苦。經年累月之下，凱特總覺得如果自己玩得很開心，如果放鬆下來真正享受，就會莫名讓她母親的狀況惡化，所以她開始享受時也同時感到內疚，彷彿自己做錯了什麼。

凱特意識到現在的焦慮和內疚是過去殘留下來的情緒，她對小時候的自己深感同情，因為那個她依然會擔心活潑快樂帶來的後果，凱特告訴自己：「**我現在不必再害怕放開心胸享受了。**」她決心要扭轉現狀。

那天晚上，凱特和朋友們外出時，她注意到內心深處仍有焦慮在翻騰，這次她知道焦慮的源頭，不會再像過去那樣措手不及了。這次她提醒自己有權利享受美好時光，刻意讓自己接納正向情緒並真正享受當下，結果這成為她假期中最美好的夜晚。

*

凱特運用情緒正念的技巧取得很好的成效，她先意識到自己在逃避焦慮，然後憑藉一股好奇心專注在焦慮的情緒上，此舉讓她開始意識到各種身體上的感覺，並刻意留意這些感覺。焦慮增長時，她讓自己平靜下來，持續關注內心的變化；注意力飄走時，她把焦點拉回身體經驗上，集中專注在身體上的感覺。

她讓內疚的情緒浮現，對情緒保持開放並追隨情緒回到過去，因而發現自己不安的根源。她意識到內疚的情緒源自小時候，所以開始有能力用新的角度看待自己，也能用不同的方式處理現況。

凱特愈接近快樂的情緒，就愈能打破焦慮、擔憂和內疚的舊時連結，她改變了與情緒體驗的關係，使自己更能充分體驗快樂，經歷的過程也在大腦中建立新的神經網路，同時擴大自身的情緒選擇範圍。

馬克：喚醒憤怒

馬克聽著哥哥留給他的訊息，心中難以置信。「嘿，老弟，聽著，看來我這個週末趕不到了，我好兄弟邀請我上他的船出去玩，我太想去了捨不得拒絕，對不起啦，但是，好吧……你懂的，改天再聊。」

「不，我不懂。」馬克按下刪除鍵時大聲說，他心想：「**我絕對不會在最後一刻失約。**」他一直指望他哥能幫他一起粉刷新公寓，但現在他必須自己動手。馬克內心有某部分開始感到憤怒，但隨後變成一種下沉的感覺，這種感覺似乎快耗盡他體內的能量，他開始感到沮喪。

馬克一直期待能跟哥哥相聚，他想像他們兩人裝修房子的時候聊天，也許會更瞭解對方一點。這麼多年過去，馬克仍然懷抱希望，期待和他唯一的哥哥關係能夠有所改變，他心想：「**我想我對他來說並不重要，如果我很重要，他就會來幫我，我是怎麼了？**」馬克覺得自己很蠢，竟然以為事情會有所不同，他開始厭惡自己。

隔天早上，馬克拖著身體在房子裡轉了一圈，試圖開始工作，他以為自己一夜安眠之後已經準備好大展身手，但他反而覺得有點遲鈍，馬克想知道自己為什麼這麼累？他坐在地板上開始攪拌一罐油漆，同時在腦海裡搜索近幾天的事，想釐清自己到底是怎麼了。過去一週工作忙碌，並沒有什麼不尋常的事情發生，但後來他想起哥哥傳來的訊息，意識到自己的心情改變大概是從那個時候起，他自問：**「所以我只是覺得失望嗎？」**失望當然是馬克經驗的其中一部分，但感覺好像還有別的。馬克專注於內心，試圖進一步釐清自己情感上的變化，他感覺身體沉重，胸口有一種沉甸甸的感覺，有一股疲倦無力感，他很好奇，**那是怎麼回事？**他想著這個問題一會兒，然後他突然想到，他心神不寧背後的真正感覺可能是憤怒。當他想到這個可能性，內心似乎有某部分鬆動了，就在此時，馬克注意到胸口閃過一絲惱怒。

馬克心想：**「這就對了！我當然很憤怒。」**然後他想：**「我現在該做的是敞開心房。」**馬克逐漸意識到自己習於防禦憤怒的情緒，他根本沒有意識到自己的反應，因為他會把憤怒發洩在自己身上，最終感覺痛苦。馬克心想：**「我要阻止自己這麼做。」**然後他站起來開始在牆上滾油漆，他一想起哥哥拋下自己去赴別人的約，怒火就更加中燒。**「這完全是他的典型行為，他太以自我為中心了！我一直讓他為所欲為，好吧，**

再也不會了。」能量流回馬克的身體，他感覺自己充滿了力量。他很想當場就打電話罵他哥，但他阻止自己，他覺得最好等自己不那麼激動的時候再說，他知道自己須要捍衛自己，讓他哥哥知道他的感受。

幾天後，馬克思考自己想說的話之後打電話給他哥，還來不及跟彼此打招呼，他哥就開始逕自說起他坐船出海那天有多棒，馬克感到怒火再次在體內激盪，他專心調整呼吸，把注意力集中在身體上，等待回話的機會，最後他哥停止說話問他：「嘿，所以你油漆進行得怎麼樣了？」

「還好，但是，嗯，你知道的……」馬克放慢說話的速度，想釐清自己的思緒，想從核心表達感受。「我想跟你說，我對你的決定感到非常失望又憤怒，我一直以為你會來幫我，我也非常期待跟你一起完成。」

「什麼？」哥哥吃驚的說道，然後防禦性地回問：「所以你的意思是，換作是你，你不會做出一樣的決定嗎？」

「我的意思不是這樣。」馬克說，他已經察覺到他哥哥的語氣。「但其實，我確實不會跟你一樣這麼做。」

「是啊，聽著，如果你找不到其他人幫你，我也愛莫能助，那不是我的責任，你

應該要……」他哥哥生氣地說，

馬克在哥哥繼續說下去時這麼想，他是想把問題怪到我身上，就是這樣，他只會責怪所有人。馬克有股想吵架的衝動，但他阻止自己，他不想捲入防禦機制之中，他花了一點時間再次專注於調整自己的呼吸，想讓自己平靜下來並保持專注，然後他說：「我的意思不是幫我刷油漆是你的責任，我想告訴你的是你不來幫我，我有什麼感受。」

「饒了我吧，你完全反應過度了。」

「聽著，你不必同意我的看法，但是如果你能試圖瞭解我的感受，我會很感激，我真的很失望，這件事讓我很生氣。」

「老弟，你知道的，我們隨時都可以見面。」

馬克可以聽出他完全沒有聽懂。「你沒有聽懂我的意思，對嗎？」

「我聽得懂，聽起來全是胡說八道。」

「我很抱歉讓你有這種感覺，不過我的感覺不是這樣。」馬克說。

「好……嗯……聽著，我該掛了，我還有事。」

馬克沮喪地掛斷電話，懷疑自己想親近哥哥的期望實際上有多少實現的可能性。

＊

佛洛伊德率先提出沮喪是一種由憤怒內化的情緒，雖然我們現在知道沮喪有多種原因（例如生物、遺傳和環境），但人壓抑憤怒時一定會影響能量水平和整體情緒。馬克對憤怒的防禦反應很常見，他沒有對傷害他的人生氣，而是在無意識的情況下將怒火轉向內心，最終讓自己難過。儘管會帶來痛苦，但在某程度上，這種反應感覺起來更為安全。我們只是不習慣用健康的方式體驗憤怒，或者用健康的方式來對抗生活中占據上風的人，幸運的是，馬克有能力辨識出自己對憤怒的習慣性反應並且著手扭轉現況。

但有時我們會像這個案例一樣，馬克試圖與哥哥溝通，想讓他知道自己的感受，可惜結果並不從人願。即便馬克處理得很好，能善用正念技巧來避免捲入爭吵，但他哥卻無法以建設性的方式參與其中。隨著習慣與情緒共處，逐漸有能力尊重和表達情緒，有時會發現生活周遭的人在處理情緒這件事上的局限性，在這種情況下練習同理心會很有幫助，畢竟我們對畏懼情緒這件事已經有一些個人理解了。有時慢慢來，一次邁出一小步，可以讓關係在情感上得到延伸和發展。有時接受對方的當下狀態後仍能享受有意義的關係，其他時候可能得重新評估自己對這段關係的期望值，並將精力放在一定會看到成效的人身上。我們必須把精力耗費在有希望建立理想關係的人身上，重點是與對方相處時，不能逃避建立連結和傳達情緒的機會，萬一對方無法接納我們的感受，再看看下一步要怎麼走。

法蘭克：找到愛的勇氣

法蘭克走進更衣室在長凳上坐下，他剛剛遇到一個朋友，朋友告訴他他們一位共同的朋友要離婚了，法蘭克很驚訝，他不知道傑瑞米的婚姻有問題，他心想：「我懂他要經歷的事。」法蘭克經歷痛苦的離婚過程已經好幾年了，他很高興那段混亂的日子已經過去，法蘭克心想：「我希望他不要像我這麼不好過。」然後開始換上運動服。

法蘭克開始運動，一邊想著現在的生活好過多了，當然主要原因是他與瑞秋的戀情。他們大約在一年前認識，此後不久便開始約會，法蘭克一開始很擔心自己能不能跟其他人交往，但隨著時間過去，他逐漸習慣了談戀愛，怎麼可能不習慣呢？瑞秋與他的前妻截然不同，個性真的很好相處，對他的體貼和關懷無微不至，就像今天，她沒有特別理由就打電話給他，只是想跟他說「我愛你」。法蘭克心裡暖洋洋的，想起瑞秋就微笑起來，他覺得自己是個幸運的男人。

但隨著法蘭克繼續運動，心中也開始感覺不安。瑞秋對他的愛毫無保留，但他卻沒辦法輕易示愛。他聽到瑞秋篤定示愛，這對他來說意義非凡，有那麼一瞬間他覺得很難過，難過自己沒辦法坦誠表達對她的感情，他告訴自己：「**噢，她知道我有多愛她。**」想要盡量減少自己的內疚，但隨後他意識到自己的行為，這不是他第一次試圖找藉口來消除不安。法蘭克的前妻曾對他說過，她覺得他在情感上對人拒而遠之，她經常要苦苦追求與他建立連結。法蘭克試圖說服自己她只是比較「黏人」，但某種程度上知道她說的是真話。他一直很難從內心深處分享感情，很難在關係中用更完整的方式更進一步，但他並不是沒有感情，事實上他是一個很敏感的人，但敞開心房讓自己展現脆弱對他而言非常可怕。

法蘭克帶著愧疚感坐在原地，想到自己和瑞秋之間的距離可能會愈來愈遠，這讓他感到很痛苦，時間一久，她最後也會覺得與他失去連結。他非常愛她，也想讓她知道，想讓她能夠確定他的愛，他不想讓恐懼阻礙他或阻止他們的感情。這次法蘭克不想再錯過。

那天晚上，兩人像往常一樣坐在一起聊天，瑞秋分享今天發生的事，法蘭克發現自己只是看著她，看著她說話，留意她的舉止，他感覺自己的心因愛意而膨脹，他是如此愛她，他想告訴她真實的感受卻又開始產生焦慮，他能感覺到自己的心跳加速，發現自己的手在發涼。法蘭克專注於內心，努力集中注意力，然後他決定放手一搏。

「妳知道嗎，我今天有想到妳。」他說。

「真的嗎？想到我什麼？」瑞秋問道。

「嗯，我只是在想……妳真的很好，而且，嗯……我一直沒有好好讓妳知道……我有多愛妳。」

瑞秋笑開了。「噢，親愛的，很高興聽你這麼說。」她靠近他，他們擁抱在一起。

法蘭克準備睡覺時想起自己做的事，他很高興，他逼自己敞開心房，即便只有一點點，也讓他感覺很好，他發現敞開心房並沒有那麼可怕，他心想：「**我應該要更常這麼做。**」

*

法蘭克保持專注在情緒體驗上，再加上一點決心，讓他在與瑞秋的關係上更深一層敞開心房，也走向他真正想要的生活。

走自己的路

從這些不同的案例中可以看出，敞開心房和體驗感受的過程會有許多不同的變化。有時情緒體驗相當直接，在其他狀況下則顯得更加複雜；有時情緒很明確，很容易掌握；其他時候我們卻必須加倍努力，才能釐清內心的狀態。有時險阻重重；有時一帆風順，可以預期在過程中無可避免會充滿曲折、停滯和開始，還有須要拆除和解決的障礙。事情就是這樣，但只要付出一點努力和決心，就能走出自己的路。

每個人的人生經驗各有不同，處理的方式也各有不同，人人的經驗都是獨一無二，在情感旅程中都各自處於不同的位置。儘管按部就班執行四個步驟可以成為指導方針，但也毋須畫地自限，不須每次都要從頭到尾遵循流程。你可能會發現可以輕鬆完成某個步驟，在下一個步驟卻遭遇困難，或者想要等到之後再進行下一步；有時你可能會發現所有步驟都沒必要。想要怎麼進行都取決於自己，對某人有效的策略可能對其他人無效，這就是我提供許多工具任君選擇的理由，目的是讓讀者找到最適合的工具。方法沒有對錯之分，重點是留在狀態內，要持續把注意力轉到情緒上，留意自己當下的情緒，關注自己的內心狀態，張開雙臂，努力與對方建立連結。

請記住，克服情緒恐懼症是一個過程，需要練習和時間。但只要努力意識情緒、馴服恐懼、看透感受、分享感受，就會愈來愈容易克服情緒恐懼症。每次鼓起勇氣用另一種方式處理情緒、每一次親近自己的情緒時都不要拒而遠之，這些就是在改變大腦的運作方式，是在放鬆恐懼對情緒體驗的控制。這麼做的同時也是在擴展自己的能力，讓自己盡情感受並親近他人，同時尊重真實的自我、改變自我，最終走向你真正想要的人生。

章節要點

- 克服情緒恐懼症和敞開心房共有四個步驟，這四個步驟有一個方向性的流程，可以當作實踐時的行為方針。
- 情緒的世界充滿彈性。

- 向情緒敞開心房可能揭露過去沒有處理的心理問題，這部分的問題須要傾注關注和關懷。
- 如果覺得情況艱難且感覺陷入困境，尋求受過訓練的專業人士協助會很有用。
- 有時在過程中不會意識到自己有防禦性的情緒反應，但如果能對自己的經驗保持開放和好奇，最終仍會瞭解自己的核心感受。
- 壓抑憤怒會影響能量水平和整體情緒。
- 面臨對方的情感限制時，可以練習同理對方，畢竟對方也會害怕面對我們的情緒。
- 我們可能須要重新思考自己對某段關係的期望，然後再決定如何繼續。
- 克服情緒恐懼症是需要練習和時間的過程，但只要付出一點努力和決心，人人都能找到自己的方法。

結語

做出選擇

敢於冒險走遠的人才能知道自己的能耐。

——T・S・艾略特（T. S. Eliot）

那是六月美好的一天，午後的陽光透過我姐姐客廳的窗戶灑落，讓房裡滿佈琥珀色的光芒，我在沙發上坐在她身旁，抱著她新生的兒子——我的侄子西奧，他只有兩週大。我低頭看著這個睡在我懷裡的小小奇蹟，內心充滿感動，我對生命中的這一刻感到幸運，也對自己的生命充滿感激。

我看著這個未來充滿希望的小男孩，想起自己改變了許多。在過去三年，我找到面對恐懼的勇氣，敞開心房全面體驗自己的感受。一開始並不容易，但我愈來愈能尊重內心的感受，用一種真實的方式過生活，同時也感覺自己愈來愈堅強和完整，我的擔憂和疑慮消退，找到一種新的清澈思緒和希望，我穿越那道門走進一個充滿可能性的活力新世界，這個世界似乎曾經遙不可及。現在的我即將穿越大半個國家，離開我的家人和朋友，與我深愛的人搬到另一個城市生活，此舉相當有勇氣，畢竟我曾經被恐懼所阻礙。

我看著姐姐，有種心痛的感覺，我很快就不得不向她道別，我想知道她對我的離開有何感受，開口正要問的時候卻又猶豫了，我推斷現在也許不是時候，不要破壞她喜獲麟兒的心情，但我更清楚的是，如果讓這一刻溜走，就會錯過更深入與姐姐建立連結的機會。我不想那樣，不希望我們之間有任何事情沒說出口。我深吸一口氣，讓自己平靜下來，然後說：「所以……嗯……我想知道妳對我離開的事有什麼感覺？」

「感覺不太好。」她回答，微微一笑然後移開了視線。我們沉默了片刻，然後她回頭看著我，眼裡充滿了淚水，她說：「我想……我真的會很想你。」

「我知道……我知道……」我說，我伸出手擺在她的手上，眼淚順著臉頰流下。「離開好難，我會非常想妳的。」我們一起哭了。

在那一刻，我感覺姐姐離我很近，坐在她身邊，我們的心都敞開了，感覺心痛卻又充滿了愛與感激，當中不只有一種情緒，感受很複雜，但我們的心有足夠的空間容納所有情緒，我充分感覺到生命的豐富以一種嶄新深刻的方式展現意義。

*

生命中充滿了選擇，你可以選擇傾聽心聲，或者逃避面對；你可以選擇與內心共處，或者麻痺自己；你可以選擇敞開心房說出內心的感受，接近生命中的人並與之建立連結，或者讓恐懼阻礙自己。

生命中的每一刻都充滿前景，能讓我們通往更偉大的事物、更崇高的自覺、更強大的生命力、更深刻的親密，這一切都觸手可及。

本書提供你實現目標的工具，請把這些步驟當成方針，請記得我一直都在背後支持你，只要願意，就能聽見我鼓勵你前進的聲音。

若是覺得迷失了方向，或者因恐懼阻擋而無法獲得真正想要的生活，請反求內心，給情緒一些空間，傾聽自己的心聲，讓情緒成為你的嚮導。

如你所願過生活是一種選擇，請張開雙臂、敞開內心走進當下，充分感受情緒，追求自己真正想過的生活。

如果你喜歡本書的內容，想要過真正期望的生活，同時想瞭解更多資訊，請上http://www.LivingLikeYouMeanIt 尋找免費資源。

附錄——尋求專業協助

有時你可能想尋找受過訓練的專業人員來促進進步，治療師或教練可以協助你提高對情緒的認識和體驗，並克服可能阻礙你在生活中探索情緒的種種障礙，治療師尤能協助你改變根深蒂固的情緒模式，並解決過去未竟的情感問題。

尋求協助時，最重要的是要找到一位專業人士，這位人選的專長是協助人們拓寬並增強情緒體驗。請自己做一些研究，或請你信任且在治療或輔導方面有過正面經驗的人推薦你。請透過電話與專業人士進行對談，詢問對方會採取什麼方法，完成過什麼培訓，執業時間有多長。如果找到一位合適人選，請進行初步諮商，看看自己感覺如何，因為那個人選必須能讓你感到被理解、有連結感、有安全感，你也要相信對方有能力幫助你，你應該很清楚對方是否是幫助你的合適人選，還有是否能輕易取得進展。

治療

儘管有許多不同的治療方法都強調情緒體驗是一種治療和改變的手段，但此處納入的只有我最熟悉的方法，你可以在他們的網站上瞭解更多資訊，也可以在當中找到治療師目錄，此外還可以透過國家和地方專業協會的目錄找治療師，美國許多州和省還有更多當地的治療師目錄，也可能對你有所幫助。

加速體驗動力心理治療（Accelerated Experiential Dynamic Psychotherapy，AEDP）是一種以轉換為基礎的心理治療模式，可協助人培養嶄新且療癒性的情緒和關係體驗，請上 http://www.aedpinstitute.com，瞭解關於 AEDP 的更多資訊。

情緒取向治療（Emotion(ally) Focused Therapy，EFT）為個人、夫妻和家庭提供短期治療模式，協助人們重新組織和擴展情感體驗，請上 http://www.eft.ca 及 http://www.emotionfocusedtherapy.org，以瞭解更多資訊。

體驗動力治療（Experiential Dynamic Therapy，EDT）是多種治療方法的統稱，這

些方法都可以協助人們克服障礙，並體驗現在和過去的真實感受，請上 http://www.iedta.net 取得進一步資訊。

眼動脫敏和再處理（Eye Movement Desensitization and Reprocessing，EMDR）是一種心理治療的資訊處理模式，有助處理未解決和不穩定生活經歷產生的心理症狀，請上 http://www.emdria.org，瞭解關於 EMDR 的更多資訊。

教練

人生教練可以協助你克服成長障礙，發揮最大潛力並獲得真正想要的生活。生活教練分屬不同的專業領域（例如在生活中創造更多快樂、克服悲傷、增近關係中的滿足感），所以找到對的人很重要，他必須專精在你有興趣進一步發展的領域。你可以上「國際教練聯合會」的網站 http://www.coachfederation.org 瞭解關於教練的進一步資訊，這個網站也能協助你找到教練。此外，「勇敢生活中心」所提供的教練皆符合本書的指導原則，請上 http://www.cfcliving.com 瞭解進一步資訊。

註釋

引言

1. Goleman, D. (2006). *Social intelligence: The new science of human relationships*. New York: Bantam Dell.

2. Bowlby, J. (1988). *A secure base*. New York: Basic Books.

第一章　接納或拒絕情緒

1. McCullough, L. (1997). *Changing character*. New York: Basic Books.

2. LeDoux, J. (1996). *The emotional brain: The mysterious underpinnings of emotional life*. New York: Simon & Schuster.

第二章　我是如何成為這樣的人？

1. LeDoux, J. (1996). *The emotional brain: The mysterious underpinnings of emotion al life*. New York: Simon & Schuster.

2. Fosha, D. (2000). *The transforming power of affect*. New York: Basic Books.

3. Siegel, D. (2001). *The developing mind: How relationships and the brain interact to shape who we are*. New York: Guilford Press.

4. Ibid.

5. Schore, A. N. (1999). *Affect regulation and the origin of the self: The neurobiology of emotional development*. Mahwah, NJ: Erlbaum.

6. Lewis, M. (2000). The emergence of human emotions. In M. Lewis & J. M. Haviland-Jones (Eds.), *Handbook of emotions* (2nd ed., pp. 265-280). New York: Guilford Press.

7. Bowlby, J. (1988). *A secure base*. New York: Basic Books.

8. See Begley, S. (2007). *Train your mind, change your brain: How a new science reveals our extraordinary potential to transform ourselves*. New York: Ballantine Books; Davidson, R. J. (2000). Affective style, psychopathology and resilience: Brain mechanisms and plasticity. *American Psychologist*, *55*, 1193-1214; Doidge, N. (2007). *The brain that changes itself: Stories of personal triumph from the frontiers of brain science*. New York: Penguin Books.

9. Goleman, D. (2006). *Social Intelligence: The new science of human relationships*. New York: Bantam Dell.

10. Frost, R. (2002). *The poetry of Robert Frost*. New York: Henry Holt.

第三章　第一步驟：培養自覺

1. Williams, M. G., Teasdale, J. D., Zindel, S. V., & Kabat-Zinn, J. (2007). *The mindful way through depression: Freeing yourself from chronic unhappiness*. New York: Guilford Press.

2. Kabat-Zinn, J. (1994). *Wherever you go, there you are: Mindfulness meditation in everyday life*. New York:

Hyperion.
3. Safran, J. D., & Greenberg, L. S. (1991). *Emotion, psychotherapy, and change*. New York: Guilford Press.

第四章　繼續第一步驟：意識自己的防禦機制

1. Briggs, D. C. (1977). *Celebrate your self.* New York: Doubleday.
2. Gunaratana, B. H. (2002). *Mindfulness in plain English*. Boston: Wisdom Publications.
3. Ezriel, H. (1952). Notes on psychoanalytic group therapy: II. Interpretation. *Research Psychiatry*, *15*, 119.

第五章　第二步驟：馴服恐懼

1. LeDoux, J. (1996). *The emotional brain: The mysterious underpinnings of emotional life*. New York: Simon & Schuster.
2. Carnegie, D. Retrieved February 2008 from the Cyber Nation Web site: http://www.cybernation.com/victory/quotations/authors/quotes_carnegie_dale.html
3. Lieberman, M. D., Eisenberger, N. I., Crockett, M. J., Tom, S. M., Pfeifer, J. H., & Way, B. M. (2007). Putting feelings into words: Affect labeling disrupts amygdala activity in response to affective stimuli. *Psychological Science*, *18*, 421-428.
4. Austin, J. H. (1999). *Zen and the brain: Toward an understanding of meditation and consciousness*. Cambridge, MA: MIT Press.
5. Emmons, H. (2005). *The chemistry of joy: A three-step program for overcoming depression through Western*

science and Eastern wisdom. New York: Simon & Schuster.

6. Uvnas-Moberg, K. (1998). Oxytocin may mediate the benefits of positive social interaction and emotions. *Psychoneuroendocrinology*, *23*, 819-835.

7. Kirsch, P., Esslinger, C., Chen, Q., Mier, D., Lis, S., Siddhanti, S., Gruppe, H., Mattay, V. S., Gallhofer, B., & Meyer-Lindenberg, A. (2005). Oxytocin modulates neural circuitry for social cognition and fear in humans. *Journal of Neuroscience*, *25*, 11489-11493.

8. Frederickson, B. L., & Losada, M. F. (2005). Positive affect and the complex dynamics of human flourishing. *American Psychologist*, *60*, 678-686.

9. Frederickson, B. L. (2005). Positive emotions. In C. R. Snyder & S. J. Lopez (Eds.), *Handbook of positive psychology* (pp. 120-134). New York: Oxford University Press.

10. Porges, S. (2006, March). *Love or trauma? How neural mechanisms mediate bodily responses to proximity and touch*. Paper presented at the Embodied Mind conference of the Lifespan Learning Institute, Los Angeles.

第六章　第三步驟：透徹感受

1. Fosha, D. (2000). *The transforming power of affect*. New York: Basic Books.

2. Greenberg, L. (2002). *Emotion-focused therapy: Coaching clients to work through their feelings*. Washington, DC: American Psychological Association.

3. McCullough, L. (1997). *Changin g character*. New York: Basic Books.

4. Tavris, C. (1989). *Anger: The misunderstood emotion*. New York: Simon & Schuster.

5. Hanh, T. N. (2004). *Taming the tiger within: Meditations on transforming difficult emotions*. New York: Riverhead Books.

6. Rosenthal, N. E. (2002). *The emotional revolution: Harnessing the power of your emotions for a more positive life*. New York: Citadel Press.

7. Gendlin, E. T. (1981). *Focusing*. New York: Bantam Books.

8. Watkins. J. G., & Watkins, H. H. (1997). *Ego states: Theory and therapy*. New York: Norton.

9. Cozolino, L. (2002). *The neuroscience of psychotherapy: Building and rebuildingthe human brain*. New York: Norton.

第七章　第四步驟：啟開心房

1. Bowlby, J. (1980). *Attachment and loss: Vol. 3. Loss, sadness, and depression*. New York: Basic Books.

2. Goleman, D. (1995). *Emotional intelligence: Why it can matter more than IQ*. New York: Bantam Books.

3. Beattie, M. (2002). *Choices: Taking control of your life ad making it matter*. New York: HarperCollins.

4. Johnson, S. (2008). *Hold me tight: Seven conversations for a lifetime of love*. New York: Little, Brown.

5. Rizzolatti, G., & Sinigaglia, C. (2008). *Mirrors in the brain : How our minds shareactions, emotions, and experience*. New York: Oxford University Press.

6.Jeffers, S. (1987). *Feel the fear and do it anyway*. New York: Ballantine Books.

第八章　融會貫通

1.Freud, S. (1958). Mourning and melancholia. In J. Strachey (Ed. And Trans.), *The standard edition of the complete psychological works of Sigmund Freud* (Vol. 14, pp. 243-258). London: Hogarth Press. (Original work published 1915)

Note

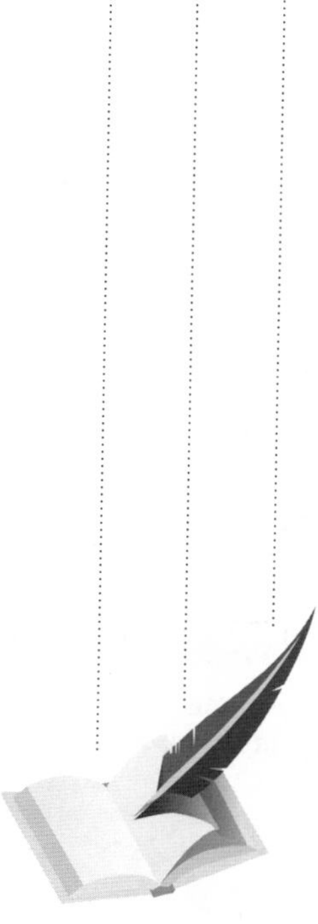

國家圖書館出版品預行編目（CIP）資料

我值得擁有好生活：運用情緒的智慧與力量，隨心所欲過生活／羅納・費德烈克（Ronald J. Frederick）作；李雅玲譯. -- 初版. -- 新北市：世茂出版有限公司，2023.04
面；　公分. --（心靈叢書；12）
譯自：Living like you mean it : use the wisdom and power of your emotions to get the life you really want
ISBN 978-626-7172-29-2（平裝）

1. CST: 情緒管理　2. CST: 自我實現　3. CST: 成功法

176.52　　112001538

心靈叢書 12

我值得擁有好生活：運用情緒的智慧與力量，隨心所欲過生活

作　　者／羅納・費德烈克
譯　　者／李雅玲
主　　編／楊鈺儀
封面設計／林芷伊
出 版 者／世茂出版有限公司
地　　址／（231）新北市新店區民生路 19 號 5 樓
電　　話／（02）2218-3277
傳　　真／（02）2218-3239（訂書專線）
劃撥帳號／ 19911841
戶　　名／世茂出版有限公司　單次郵購總金額未滿 500 元（含），請加 80 元掛號費
世茂官網／ www.coolbooks.com.tw
排版製版／辰皓國際出版製作有限公司
印　　刷／傳興彩色印刷有限公司
初版一刷／ 2023 年 4 月

I S B N ／ 978-626-7172-29-2　EISBN ／ 9786267172339 (EPUB)／ 9786267172322 (PDF)
定　　價／ 380 元